AF359880

TRAICTÉ
DE LA GARANTIE
DES RENTES.

Par Charles Loyseav, sieur de la Nouë,
Aduocat en Parlement.

EDITION TROISIESME,

Corrigee & augmentee par l'Autheur.

A PARIS,

Chez Abel L'Angelier, au premier pillier
de la grand' Salle du Palais.

M. DCVI.
AVEC PRIVILEGE DV ROY.

A MONSIEVR DES LANDES
CONSEILLER DV ROY EN SA
Cour de Parlement.

MONSIEVR,

Il y a quelques animaux, dõt la premie-
re portee ne vient gueres à perfection:
c'est icy la mienne que i'eu portant enuie
d'estoufer dès sa naissance, n'osant pre-
sumer qu'elle fust digne de viure, pour auoir esté conceuë
en ma trop grande ieunesse, & nee auant terme: toutes-
fois ie n'en creu pas mon courage, ains me laissay emporter
à l'aduis de mes amis, qui me persuaderent de la laisser
viure & iouyr de la lumiere, tant qu'elle pourroit. Ainsi
dõc ie l'abandõnay à la fortune, ne l'osant encores aduouër.
Mais maintenant, à l'exemple de ce genereux oiseau, qui
ayant exposé ses petits au Soleil, esleue ceux qui ont sup-
porté sans siller l'esclat de ses rayons: voyant que ce pau-
ure auorton a souffert si long temps la lumiere sans estre in-
teressé, ie me suis enhardy de le recognoistre & aduouër
pour mien, à fin de ne plus contreuenir au Senatusconsulte
Plautian. Bien qu'il soit petit, ressentant la ieunesse de son
pere, & qu'il ait des freres plus grands que luy, si est-il
mon aisné, & a ouuert le passage aux autres. Comme
donc c'est au pere à choisir le parin, l'ayant r'habillé à ma
mode, ie le vous presente, Monsieur, pour luy dõner nom,

tant en memoire des obligations signalees qu'auez sur moy, que pource qu'au moyen de la creance, qu'auez sur ceux, auec lesquels il a à viure, vous le pouuez garantir contre ses ennemis & faire valoir auec ses amis, & en tout cas satisfaire vous-mesme à son defaut. Vous suppliant l'accepter pour filleul d'aussi bon cœur, que le pere vous le presente, qui demeurera toute sa vie.

MONSIEVR,

Vostre humble & obligé
seruiteur C. LOYSEAV.

TRAICTÉ
DE LA GARENTIE
DES RENTES.

AVANT-PROPOS.

SOMMAIRE.

1. *De la trop grande frequence des hypotheques.*
2. *Le trafic d'argent plus frequent en France qu'à Rome.*
   Origine des rentes constituees.
3. *Vsures Romaines n'estoient de si longue duree que nos rentes.*
4. *Hypotheques moins frequentes à Rome qu'en France.*
5. *Pourquoy en quelques coustumes le nantissement est requis.*
6. *& 7. Frequence des hypotheques de France.*
8. *Qu'il y a peu d'asseurance és debtes & és rentes.*
9. *Qu'il y a moins d'asseurance à present que iamais.*
10. *Proposition de ce liure.*
11. *Ce que dit Seneque des asseurances de garantie.*
12. *Clause de garantir.*
13. *Clause de fournir & faire valoir.*
14. *Clause de payer soy-mesme.*

1 V N ancien se plaignant que le traffic
d'argent estoit trop ordinaire à Rome,
& les hypotheques trop frequentes, a-
uoit raison de dire:

Nulli certa domus, nullum sine pignore
corpus.

Mais sans doute nous auons plus d'oc-
casion d'en dire autant en France, principalement à present
que les ruïnes des guerres ciuiles ont appauury les riches
maisons, & declaré les pauures.

2. Car il est aisé à prouuer, que le traffic d'argent est plus
frequent parmy nous, qu'il n'estoit à Rome, où les rentes
constituees (qui auiourd'huy sont presque les plus com-
muns biens des habitans des villes) furent du tout incog-
neuës iusques au temps de Iustinian, qui le premier en fit
mention par sa Nou. 160. Et depuis on ne lit point qu'elles ayent esté vsitees, iusques à ce que le Pape Martin V. en
l'an 1424. & depuis Calixte III. enuiron trente ans apres, les
auctoriserent par leurs Extrauagantes.

3 Mais les Romains vsoient seulement de prest d'argent
à interest, qui ne pouuoit estre de longue duree, & pource
qu'il estoit exigible à la volonté du creancier, & d'autant
aussi que l'interest ne pouuoit exceder le sort principal. *l. si*
non sortem. §. supra duplum. ff. de cond. indeb. & Nou. 121. de sorte
que le creancier estoit contrainct de retirer bien tost son argent, afin qu'il ne demeurast desormais inutile & sans
profit.

4 Aussi il est certain, que les hypotheques nous sont
beaucoup plus ordinaires qu'à Rome, où du commence-
ment l'on trouua estrange, que par vne simple paction sans
tradition actuelle on acquist en la chose vn droict reel &
d'hypotheque: de sorte qu'il ne s'y veoid encores auiour-
d'huy aucune actió ciuile, pour poursuiure les hypotheques.
Mais en fin le Preteur Seruius introduisit premierement
l'action, qui de son nom fut appellee *Seruiana*, pour les meubles des locataires tacitement obligez aux loyers des maisons : & depuis par vne interpretation extensiue fut intro-

duite l'actió , *Quasi seruiana*, appellee tussi *Hypothecaria*, pour poursuiure toutes autres choses obligees , desquelles le creancier n'auoit esté nanty par tradition.

5 Et c'est en passant, pourquoy l'on veoid encores en certaines Prouinces de France, que la simple cóstitutió d'hypotheque n'a aucun effet sans les solemnitez du nantissemét, du vest, & deuest ou de la dessaisine. Quoy que ce soit à Rome la stipulation ou clause d'hypotheque n'estoit pas apposee indifferemment comme à nous, en tous contracts par forme de stil commun.

6 Mais en France tous cótracts induisent non seulement hypotheque (voire sans la clause hypothecaire, à plus forte raison que les cedules recogneuës) mais aussi execution prompte & paree sur tous les biens des obligez. Comme aussi les iugeméts, bien qu'ils eussent de droict execution paree, si est-ce qu'ils n'induisoient hypotheque, sinó apres la saisie & execution reelle faicte en vertu d'iceux, car alors les choses saisies (& nó autres) *fiebant pignora prætoria aut iudicialia* : mais en France , du iour de la condamnation est acquis à la partie droict d'hypotheque sur tous les biés du códamné, par la nouuelle disposition de l'ordonnance de Moulins art. 53.

7 De maniere qu'entre nous nul ne se peut vanter que ses biens ne soient point obligez, si en sa vie il a passé quelque contract ou perdu quelque procez. Et puis que l'hypotheque suit perpetuellemét la chose en quelques mains qu'elle passe, *l. debitorem C. de pignorib.* Il s'ensuit qu'il est fort malaisé de rien acquerir qui ne soit chargé de plusieurs hypotheques , lesquelles bien souuent surpassent la valeur de l'heritage, de sorte que difficilement vn acheteur só peut-il asseurer mesme de ce qu'il tient en ses mains , & qu'il a en sa possession : & c'est pourquoy on dit communement, *Qu'il est plus de fols acheteurs , que de fols vendeurs.*

8 Que s'il est malaisé de s'asseurer des heritages que l'on tient & possede visiblement, & que les Grecs ont appellé Φανερουσίαν, à plus forte raison il est tres-difficile de trouuer asseurance entiere en l'achapt ou cession d'vne debte

ou d'vne rente ja creée, où l'on n'acquiert aucune iouïs-
fance vifible, ny tradition actuelle d'aucun corps folide &
palpable, ains feulement vn droict en l'air ou en l'efprit,
τὶ ἀφανὲς : en effect, vn morceau de parchemin. *Video ifthic
diplomata*, difoit Seneque, *& cautiones & fyngraphas, vacui
habendi fimulachra, vmbram quamdam auaritiæ laborantis, quæ
decipiat animum inanium opinione gaudentem, inanis denique
cupiditatis fomnia, in quibus nihil eft quod manu tenere pof-
fis.*

9 Et fi iamais les rentes ont efté mal affeurees, c'eft maintenant qu'elles fe trouuent telles, au declin de cefte longue & cruelle guerre ciuile, qui a appauury la plus-part des
familles aifees de ce Royaume, & principalement du tiers
eftat. C'eft pourquoy il ne fe veoit maintenant procez plus
frequents que touchant les garanties, les difcuffions, les
executions, les ceffions de biens, les defguerpiffemens,
& autres telles recherches, efquelles l'extreme pauureté
maintenãt commune aux debteurs & aux creanciers, con-
traint vn chacun d'employer auec peu de plaifir ce com-
mencement de paix.

10   Ce ne fera donc point chofe inutile, ny hors de faifon, de difcourir fuccinctemẽt des moyens vfitez en noftre
pratique de France pour s'affeurer de la garantie des rentes ja creées, que l'on acquiert d'autruy par tranfport, c'eft
à dire de la fignification & energie des claufes dont on a
couftume d'vfer és tranfports & ceffions des rentes, fans
s'arrefter à difcourir des affeurances exterieures que l'on
y recherche, à fçauoir des pleges & cautions de telles
ventes, finon en tant qu'il pourra venir à propos : fans auffi
parler des claufes vfitees és contracts de creation, conftitu-
tion, ou baux des rentes, pour ce que le profond du Moulin
en a efcrit autant pertinemment qu'il eft poffible, en fon
traicté des vfures. Mais des claufes des tranfports des rentes
ja creées, ie ne fçay point que iufques icy aucun en aye traicté en pres ny en loing, fors le docte liure mis en lumiere
depuis quelques mois touchant la claufe *de Fournir &
faire valoir*, lequel m'a donné fubiect de tracer ce

difcours

diſcours, pour n'auoir ſceu gouſter l'opiniõ qui y eſt main-
tenuë.

10 *Vtinam*, diſoit Seneque, *nulla ſtipulatio emptorem vendi-*
tori obligaret, nec paĉta conuentáque impreſſus ſignus cuſtodirentur,
ſed ſides potius illa ſeruaret & æquum colens animus. At neceſſaria
optimus prætulerunt, & cogere ſidem, quam expeĉtare malunt : ille
per tabulas plurium nomina interpoſitus pararius facit, ille non eſt in-
terrogatione contentus niſi rem manu tenuerit. O turpem humano
generi fraudis ac nequitiæ publicæ confeſſionem ! Annulus noſtris
plus quàm animis creditur. Nonne honeſtius erat à quibuſdam ſidem
falli, quàm ab omnibus timeri?

11 L'on ne ſ'eſt pas contenté de la ſimple & nuë conuention de vente. On a excogité artificiellement vn formu-
laire de ſtipulation d'euiĉtion, & en France on a premierement inſeré indiſtinĉtement en tous contraĉts de vente
la clauſe de *Garantir de tous troubles & empeſchements quelcon-*
ques.

12 On s'eſt depuis apperceu que ceſte clauſe eſtoit manque & defeĉtueuſe, principalemẽt pour le regard des rentes, qui eſtans plus hazardeuſes, ont eu beſoin de precau-
tions particulieres. C'eſt pourquoy l'on a inuenté dés y a
plus de deux cens ans vne ſeconde clauſe *de Fournir & faire*
valoir, tant en principal que arrerages.

14 Encores l'on a veu que ceſte clauſe n'eſtoit aſſez ſuffi-
ſante, pour-ce qu'il falloit faire diſcuſſion difficile, & de
grand couſt. A ceſte cauſe, de noſtre temps & tout de nou-
ueau on a excogité la troiſieſme clauſe, *En defaut de payemẽt*
par le debteur de la rente, de tant d'arrerages, apres vn ſimple com-
mandement à luy fait, & refus ſur iceluy, de payer ſoy-meſme. Et
encores comme ie diray, on trouue des difficultez ſur ceſte
derniere clauſe, tant il y en a d'ingenieux à s'exempter de
payer leurs debtes.

15 Voyla en ſomme les trois clauſes que i'ay entrepris d'expliquer par ordre, à ſçauoir celle de garantir, celle de fournir & faire valoir, & celle de payer ſoy-meſme.

DE LA GARANTIE, NOTAM-
ment de celle de droict.

CHAPITRE I.

SOMMAIRE.

1　VANT à la premiere de *Garantir de tous troubles & empeschements quelconques*, que les Romains appelloient stipulation d'euiction, & laquelle seule ils recognoissoient, comme il sera dict cy apres ; il faut entendre que *Garantir*, signifie proprement asseurer, & vn garant est celuy qui asseure vn autre, & qui est tenu l'acquitter de quelque action ou procés.

2　Et encores que le docte Cujas ait escrit que *Garant* est vn terme Allemand, si est-ce qu'il y a plus d'apparence de dire qu'il vient d'vn beau terme François *Garer*, qui signifie, *mettre en seureté*, dont vient le mot vulgaire *Gare*, ou *Garez-vous*, que l'on veut corriger mal à propos pour dire *Gardez-vous*. *Inde Egaré*, celuy qui ne sçait où se garer & retirer : & *Garotter*, qui signifie lier & arrester quelque chose.

3　Le garant est appellé par les Latins ou *Auctor ab augendo, quia stipulatio euictionis auget primam obligationem*, côme dit Alciat. *in par.* ou *Author à Græco* αὐθέντης. Combien que Gaza escrit que αὐθέντης signifie proprement αὐτόχειρα, & que depuis mil ans on luy auoit donné ceste nouuelle signification de respondre au terme Latin *Auctor*.

4　Les Grecs appellent encores le Garant βεβαιώτην, ἀπὸ τῦ βεβαίȣ, qui signifie stable, constant & certain. *Inde* βεβαίωσις *Garantie*, & βεβαιώσεως δίκη procés de garantie, ou instance de sommation. Βεβαιώσεως δίκη, *inquit Hesich.* ἐςὶ τῆς ὠνησαμβμ́ωοι (*sic enim legendum pro vulgato* ὁελσαμβμ́ων) τὸ μετὰ ταῦτα ἀμφισβητȣμ́μνον. *Et Suidas.* Βεβαιώσεως δίκη ἐςὶν ὄνομα, ἥν δικάζȣσιν οἱ ὠνησάμβμνοί τε. *Et Jull. Pollux lib.* 8. ἡ βεβαιώσεως δίκη, ὁπότε τις πριάμβμνος οἰκίαν ἢ χωρίον ἀμφισβητȣῦντός τινος ἀνάγει εἰς τὸν πρατῆρα, τὸν δὲ προσήκει βεβαιȣῦν ἢ μὴ βεβαιȣῦντα ὑπεύθυνον εἶναι τῆς βεβαιώσεως· εἰδὲ ὁ ἀνάγων ἐπὶ τὸν πρατῆρα ἡττηθείη, τὸ μβὲ ἀμφισβητηθὲν τȣ κρατήσαντος ἐγίνετο, ὁ δὲ ἡττηθεὶς τὴν τιμὴν πρὸς τȣ συκοφαντήσαντος ἐκομίζετο. Ce que i'ay coulé vn peu plus au long, pource que cy apres nous en pourrôs auoir affaire.

5　Or les Latins n'vsent gueres de leur mot *Auctoritas*, pource qu'il est equiuoqué, signifiant & la garätie & generalement toute auctorisation ou confirmation de quelque chose comme *Auctoritas tutorum, auctoritas magistratuum.* Mais sont contraints d'vser de periphrase, appellants la garantie *stipulationem euictionis*: non que *euictio* signifie garantie, ains la cause qui donne lieu à la garantie. Car garantir se dit *euictionem præstare*, c'est à dire reparer l'euiction suruenuë, & consequemment *promittere euictionem*, est *promittere se præstiturum euictionem.*

6 Pour donc venir aux effects de la garantie, faut prendre garde que les interpretes du droict ont remarqué deux sortes & especes de garantie, l'vne qu'ils appellent *euictionem iuris*, qui concerne le droict & seigneurie de la chose : l'autre qu'ils appellent *euictionem facti*, qui regarde la bonté interieure d'icelle. La premiere est proprement appellee en droict *euictio, quia in stipulatione euictionis non factum sed ius vertitur.l.Stipulatio ista.§.hi qui.ff.de verb.oblig.*L'autre est appellee *redhibitio*, ou bien *redhibitoria actio.l.redhibere.ff.de Ædilit.edi.* Aucunesfois elle est appellee *quasi euictio. l. Iulianus.§.1.ff.de act.empt.*

7 Mais il y a en droict vn beau terme qui s'adapte & conuient à l'vne & l'autre espece de garantie, asçauoir le mot *Præstare.* Ie croy que le mot François *Garantir*, côuient aussi à l'vne & l'autre espece, pource que son etymologie se rapporte à toutes deux: mais nous auons vn fort beau & particulier terme, pour signifier la garantie de faict, qui est *Pleuuir & Pleuuine*, terme fort vsité entre les marchands, mais qui n'a point encores penetré les treillis des Notaires, ny l'estude des procureurs, & consequemment n'a encores esté introduict au Palais.

8 *Pleuuir & pleger* estoit anciennement vn mesme mot, signifiant mesme chose (comme chacun sçait que V v. & G. se châgent volontiers l'vn en l'autre) & de fait l'ancienne coustume de Normandie cha.60.& 89.& la vieille coustume de Bretaigne au tiltre *Des obligations, actions & pleuuines*, les confondent & mettent l'vn pour l'autre. *Pleuuir* donc ou *pleger*, estoit promettre la loyauté de quelqu'vn, ou de quelque chose, que Ciceron dict *spondere & in se recipere. Pleuuine*, dit la coustume de Normandie chap.60. est

autant comme promeſſe de loyauté. Car celuy qui pleuuit aucun, pro-
met que cil fera loyaument, ce dont il le plege.

9 Mais par l'vſage & ſucceſſion de temps lon a pris *pleger*
pour celuy qui promet la loyauté de la perſonne, & *Pleuuir*
pour celuy qui promet la loyauté de la choſe. Doncques
Pleuuir ou *vendre en pleuuine* eſt promettre que la marchandiſe venduë eſt loyalle, qui eſt ſe ſubmettre à la garantie
de faict : combien qu'il ſemble à quelques vns que *Pleu-*
uir ſe refere aux meubles ſeulement : mais cela vient de
ce que la redhibition ou garantie de faict eſchet plus com-
munemēt és meubles, qu'és immeubles, & toutesfois il eſt
certain qu'elle a lieu aucunefois aux immeubles. *l. 1. & l.*
ſciendum. 2. ff. de Aedil. edi.

10   Il faut donc diſcourir à part de chacune eſpece de garantie, & quant à l'euiction ou garantie de droict, il eſt certain que comme en toutes ventes & tranſports à titre one-
reux, auſſi en ceſſion d'vne debte & d'vne rente le cedant
eſt tenu de ceſte garantie, encores qu'il n'en ſoit faict aucune mention au cōtract. *Non dubitatur, & ſi ſpecialiter ven-*
ditor euictionem non promiſerit, re euicta ex empto competere actio-
nem. l. 6. C. de euict.

11 D'autant que par la tradition & deliurance de la choſe
l'achepteur acquiert la ſeigneurie d'icelle , ſi elle appartenoit au vendeur : & ſi elle ne luy appartenoit, il acquiert
vne action & recours contre le vendeur, au cas qu'elle ſoit
euincee. *l. 11. ff. de act. emp.* Et par tel recours, il recouure,
l'euiction ſuruenant, non ſeulement la valeur de la choſe,
mais encores ſes dommages & intereſts, & ce par la propre
nature du contract, & ſans aucune promeſſe de garantie. *l.*
ſi in venditione. & l. euicta. ff. de euict. Qui eſt-ce que dit Paul.
lib. 2. ſent. Tanto damnari venditorem , quanto ſi pro euictione ca-
uiſſet.

12 Dont reſulte que la ſtipulation d'euiction ou promeſſe
de garantie ne ſert communement de rien, *quia expreſſio eo-*
rum quæ tacité inſunt , nihil operatur. Et c'eſt pourquoy on ne
ſ'amuſoit gueres à Rome de promettre ſimplement l'euiction, mais on y adiouſtoit ordinairement la promeſſe de

payer le double du prix en cas d’euiction, qui s’appelloit *stipulatio duplæ.tit.de euict. & duplæ stipulationib.* Ce qui se faisoit afin qu’apres l’euiction il ne falluſt point plaider ſur la liquidation des dommages & intereſts, *l.vlt.ff.de Prær.ſtip.*

13. Puis donc que la raiſon de ce que la promeſſe de garantie ne ſert de rien, eſt d’autant que tout ce qu’elle pourroit importer eſt deu par la propre nature du contract, il s’enſuit que s’il arriue en quelques cas ou occurrences, que par la nature du contract la garantie ne ſoit deuë, ou que la conuention ſimple du contract ne puiſſe ſe referer à quelque choſe, à quoy la promeſſe de garantie puiſſe ſeruir, elle aura ſans doute alors ſon effect & operation, d’obliger la partie à ce qu’elle aura expreſſement promis.

14. Comme pour exemple, il eſt certain que regulieremét le donateur n’eſtoit point tenu de l’euiction, *l.Ariſto.§.vlt. ff.de donat.* & toutesfois s’il a expreſſement promis la garantie, il en eſt tenu. *l.2.C.de euict.* Pareillement le procureur n’eſt tenu en ſon nom de la garátie, & toutesfois s’il s’y eſt obligé, il y eſt tenu, *l.procurator qui pro euictione.ff.de procur.* Auſſi le creancier qui a vendu le gage appartenant à ſon debteur, n’eſt tenu de le garantir, mais s’il l’a ſpeciallement promis, il y eſt obligé, *l.1. & 2.C.Creditorem euictionem pignoris non debere.* De meſme quand l’achepteur achepte vne choſe, qu’il ſçait appartenir à autruy, il n’a point de recours de garantie par la nature du contract, ſi ce n’eſt qu’il l’ait ſtipulee expreſſemét, *l.ſifundum.C.de euict.l.ſi fratres.C. cōm.vtr.iud.* On dit auſſi qu’en matiere d’offices, ores qu’ils ſoient venaux, il n’eſchet aucune garantie, mais s’il y a contract contenant promeſſe expreſſe de garantie, il n’y a nulle difficulté qu’ils n’en ſoient tenus. *Contractus enim ex conuentione legem accipiunt*, & nous diſons qu’il n’y a au marché que ce que l’on y met: & c’eſt pourquoy les reuendeurs d’offices & regratiers des partis caſuelles n’en font iamais des contracts.

15. L’on peut auſſi dire qu’en France l’expreſſion de la promeſſe de garantie a vn effect particulier, de conſtituer hypotheque du iour du contract pour la reſtitution du prix

& les dommages & interefts:car aucuns tiennent que fi au
contract de vente le vendeur n'auoit expreffement promis
la garantie, & à icelle obligé tous & chacuns fes biens, l'a-
chepteur n'auroit contre luy qu'vne fimple action perfonnelle, *ex empto*, & n'auroit hypotheque fur fes biens finon
du iour de la fentence qu'il obtiendroit, côme on voit que
le fideiuffeur s'il n'a point de côtract d'indemnité, n'a qu'v-
ne fimple action perfonnelle *mandati* côtre le debteur, mais
s'il a contract d'indemnité, il a hypotheque fur fes biens du
iour d'iceluy . Ce qui fe pratique indiftinctement en tous
dômages & interefts, & encores (comme aucuns tiennêt)
és defpens , qui eftants par claufe fpeciale promis en vn
contract, viennent en ordre du iour d'iceluy, autrement ils
n'ont hypotheque finon du iour qu'ils font adiugez.

16   Or tout ainfi que par le recours de garantie on obtient
deux chofes , afçauoir le prix & les dommages & interefts,
auffi il y a deux claufes pour s'exempter de la garantie, l'v-
ne concernant la reftitution du prix, l'autre les dommages
& interefts. Car fi le contract porte cefte claufe *fans garantie,* ou bien *fans garantie fors des faicts & promeffes du vendeur,*
que la loy dict *nifi ex facto fuo,* ou bien *Garantir de fes faicts &
promeffes tant feulement,* que l'on dit en droict: *Per fe hæredem-
que fuum habere licere,* cela eft bon pour s'exempter des dommages & interefts.

17   Mais il faut paffer plus outre , fi on fe veut exempter
de rendre le prix, & faut dire, *fans garantie , ny reftitution de
deniers.* C'eft ce que dit Vlp. *Si apertè venditor pronunciet per
fe hæredémque fuum non fieri quominus habere liceat, poffe defendi
ex empto, in hoc quidem non teneri, quod empteris intereft, verum-
tamen vt pretium reddat, teneri: & fi in venditione apertè compre-
hendatur, nihil euictionis nomine præftitum iri, pretium quidem re-
euicta deberi, vtilitatem non deberi. Neque enim bonæ fidei contra-
ctum hanc pati conuentionem, vt emptor rem amitteret, & pretium
venditor retineret: nifi fortè fi quis iftas omnes conuentiones reci-
piat, &c.l.emptorem.De act, empt.*

DE LA PLEVVINE OV
garantie de faict.

CHAPITRE II.

SOMMAIRE.

16.   *Clauses du droict Romain pour s'en descharger.*

17.   *Clauses pour s'en descharger en France.*

18.   *Auersione emere quid?*
       Faire vne quote mal taillee.

Oy la pource qui concerne l'euiction ou garãtie de droict: mais pourautãt que toute la difficulté qui eschet en la garantie des rentes concerne, non la garantie de droict, à sçauoir qu'elles soient legitimement deuës au cedant, ains pluftoft la garantie de fait, qui eft, qu'elles soient bonnes & exigibles: il eft tres-neceffaire de prefuppofer en brief les regles generales de cefte efpece de garantie, dont iufques icy aucun ny des interpretes du droict Romain, ny des Iurifconfultes François n'a efcrit exactement.

2   Cefte garantie eft en plufieurs façons differente de l'autre, & mefme fon effect eft tout diffemblable. Car en l'autre le contract demeure ferme & ftable apres l'euiction furuenuë, & iceluy tenant l'achepteur recouure la valeur de la chofe acheptee, auec fes dommages & interefts: mais en la pleuuine ou garentie de faict le contract eft entierement caffé & annullé, & le vendeur eft tenu reprendre fa chofe, & rendre l'argent à l'acheteur *facta redhibitione,* dit Paulus, *omnia in integrum reftituuntur, perinde ac fi neque emptio, neque venditio interceffiffet. l. facta. ff. de ædil. edict.*

3   C'eft pourquoy elle eft appellee *Redhibitio. Redhibitum,* dict Feftus, *id dicitur, quod redditum eft, & qui dedit rurfus coactus eft habere quod ante habuit:* dont eft tiree la loy *Redhibere,* au mefme tiltre.

4   Vray eft qu'en cefte garantie il eft en l'option de l'achepteur, ou d'intenter l'action redhibitoire, ou bien d'agir *actione æftimatoria quanti minoris,* à ce que le con-

tract tenant au surplus, l'on luy rende autant d'argent, que la chose est de moindre prix à cause du vice. *l. ædiles eod. tit.*

5 Quoy que ce soit, en la redhibitoire il n'eschet pas indistinctement des dōmages & interests, cōme en l'euiction & garantie formelle, ains seulement il y eschet l'interest du prix & d'estre rendu indemne à l'occasion du contract, *hoc est rationem haberi damni emergentis, non etiam lucri cessantis. l. 27. & 29. eod. tit.* Si ce n'est quand le vendeur sçauoit le vice, car alors il doit tous les dommages & interests. *l. Iulianus in pr. ff. de act. empt.*

6 Bien est vray, que comme pour l'euiction, aussi pour la redhibition on interposoit communément la stipulation du double, dont parle ce beau texte de la loy, *Quod si nolit in §. quia assidua. eod. tit. de æd. ed.* & la loy *quia dicitur. ff. de euict.* Et Theoph. au titre *De diuis. stipul.*

7 Mais c'est vne grande question de sçauoir quand & comment le vendeur est tenu de ceste garantie, ce qu'on dit en droict, *Quatenus teneatur venditor vitium rei venditæ præstare.* Il faut poser pour maxime, qu'encores que la garantie de droict soit deuë, *licet promissa non fuerit*, comme nous auons prouué: si est ce que tout au contraire la pleuuine ou garantie de faict n'est deuë regulierement si elle n'est promise: c'est à dire que quand le contract est pur & simple, sans faire mention d'aucune garantie, le védeur n'est point tenu de garantir que la chose soit bonne & exépte de tout vice & inconuenient, ains c'est à faire à l'achepteur de s'en esmayer, enquerir & donner garde, afin de n'achepter pas chat en poche, comme l'on dit. C'est à luy de sçauoir la condition & qualité de la chose qu'il achepte, de manière qu'elle est presumee auoir esté vendüe telle, & en l'estat qu'elle estoit, c'est ce que veut dire Pompon. *Alienatio cùm fit, cum sua causa dominium ad alium transferimus, quæ futura esset, si apud nos ea res mansisset, idque in toto iure ita se habet, præterquam si aliquid nominatim sit constitutum. l. alienat. de contr. empt.*

8 Aussi il suffit que les contractans *consenserint in corpore vendito, & in eius substantia, & materia ipsa, licet in qualitate materiæ, id est, in gradu (vt ita dicam) internæ bonitatis errauerint: qui*

eſt la conciliation de ces deux loix ſi repugnantes. *l. quid tamen, & l. cum ab eo. §. vlt. ff. de contr. empt.* Autrement il n'y auroit iamais contraćt de vente aſſeuré, s'il eſtoit permis à l'achepteur de le faire caſſer ſous pretexte de n'auoir trouué la choſe ſi bonne qu'il eſperoit, ou qu'il deſiroit. Car iamais le vendeur ne vend que ce qu'il ne veut pas, & iamais l'achepteur n'achepte que ce qu'il ſouhaite, *ille quod non placet proſcribit, hic, quod placet, emit,* dit Cicerō aux Offices: c'eſt pourquoy malaiſément ſe trouuent-ils tous deux contents.

9 Or ceſte maxime generale que le vendeur n'eſt tenu de la garantie de faićt, s'il ne l'a promiſe, a eſté decidee depuis les deux premieres impreſſions de ce traićté, par arreſt prononcé en robbe rouge, par ce Phenix de noſtre robbe, M. le Preſident de Harlay le 23. Decembre 1604. reçoit trois exceptions notables. La premiere que toutes fois & quantes qu'il eſt en dol, & que l'on peut dire qu'il a trompé & circonuenu l'achepteur, alors la redhibition a lieu. Exception qui eſt infaillible, ſoit au cas que le contraćt ſoit pur & ſimple, ſoit que la choſe ait eſté expreſſément vendüe telle qu'elle eſtoit, *l. ſi plus. §. vlt. D. de emićt.* ſoit meſme que *Auerſione res ſit vendita. l. qui offici̓. §. vlt. D. de contr. empt,* voire quand meſmes il auroit eſté dit aux contraćts, *Sans garantie ny reſtitution de deniers. l. emptorem in fi. D. de aćtio. empti.*

10 Or le dol conſiſte ou en ſimulation & machination, ou en diſſimulation & reticence frauduleuſe: pour la ſimulation, il y en a vn exemple notable dans Ciceron. *lib. 3. Offic.* de Pythius & Cannius: & pour la diſſimulation, il y en a auſſi vn bel exemple au meſme lieu, de Claudius Centimalus, & T. Calpurnius Lanarius, qui eſt auſſi rapporté par Valere Max. *li. 8. ca. 2.* Mais quoy qu'en die Cicerō, ſi eſt-ce que toute reticence n'eſt pas dol, & ne donne pas lieu à l'aćtion redhibitoire, ains ſeulement quand le vice celé eſt extraordinaire, & qu'il cōcurre d'autres indices & preſumptions de dol, *Dolum enim ex perſpicuis indiciis probari conuenit.* Quoy que ce ſoit, en ce cas il faut neceſſairement que le vēdeur aye ſceu le vice de la choſe, autrement il ne ſeroit en dol: & que l'achepteur l'aye iuſtement ignoré, *alias ſcienti non fieret dolus.*

11   La seconde exception est aux cas de l'Edict des Ædiles Romains, esquels le vendeur est tenu de declarer les vices de la chose, comme en matiere de serfs & de cheuaux,
vitia animi non corporis aperienda sunt : en matiere de maisons
faut declarer si elles sont pestilentes, autrement la chose
venduë est subjecte à redhibition, ou à l'action estimatoire
quanti minoris, soit que le vendeur sceust le vice, soit qu'il l'i-
gnorast, *l.1.§. cauf.ff. de Ædi.edi.* vray est que le sçachât il est
tenu aux dommages & interests, comme il a esté dit, autrement non : mais pour le regard de l'achepteur, s'il sçauoit
ou pouuoit sçauoir le vice (comme quand il estoit visible)
il est exclus de la redhibition. *l.quæritur.§.vlt.ff.eod.tit.*

12   Aucuns ont tellement estendu cet Edict des Ædiles,
qu'ils ont dit que le vendeur estoit tenu en toutes especes
de marchandises de declarer le vice, pource qu'encores
que l'Edict ne parle que des serfs & des cheuaux, *pertinet ta-*
men ad venditiones non tantum mancipiorum, sed cæterarum quo-
que rerum.l.1. & l.sciendum.2.eod. tit. Qui seroit renuerser
entierement nostre maxime : mais la verité est qu'il n'y a
que les vices exprimez ou par l'Edict, ou par les loix des
Iurisconsultes sur l'interpretation d'iceluy, qui donnent
lieu à la redhibition : encores en France cet Edict des Ædiles n'est pas gardé exactement, car nous tenons qu'il n'y a
que deux ou trois vices qui rendent les cheuaux redhibitoires, à sçauoir la morue, la pousse, & en quelques coustumes la courbature, dont il y a vn tres-bel article en la coustume de Sens. *§.260. Vn vendeur de cheuaux n'est tenu des vices*
d'iceux, excepté de morue, pousse & courbature: sinon qu'il les ait vē-
dus sains & nets, car en ce cas il est tenu de tous vices apparents, &
non apparents.

13   Ce qui descouure la troisiesme exception, à sçauoir
quand par clause ou paction expresse l'achepteur s'est submis à ceste garantie. C'est l'exception que donne la loy *A-*
lienatio. De contr.emp. Nisi aliud nominatim constitutum sit, la
loy *si nomen D. de hær. & act.vend. Nisi aliud conuenerit.*

14   Car il y a & au droict Romain, & en France
des clauses particulieres pour s'obliger à la garantie
de faict, selon la diuersité des choses venduës. *In*

fundo vendito, la clauſe eſt *vti optimus maximúſque ſit l.cũ*
venderes.ff.de cont.emp.l. pen.ff.de euiɐt.l.qui vti,de verb.ſignif.
In nomine vendito, Bonum nomen eſſe, Idoneum ac locupletem de-
bitorem eſſe, Nomen exigi poſſe,comme il ſera cy apres diſcou-
ru *In ſeruo pro vitiis quæ ædiɐto non præſtantur ,frugi eſſe ac ſidũ.*
l.Iulianus.§.quod autem.ff.de aɐt.empt. in ceteris denique rebus, vt
BONIS CONDITIONIBVS *vendantur.l. aɐtioni.ff.de ædil.*
ediɐt.

15   De meſme en France en matiere de cheuaux on les
vend *ſains & nets*: en matiere de debte ou rente,*on promet la*
faire bonne:en bled ou telle autre marchandiſe,*La liurer bon-*
ne, loyalle & marchande: & generaſement en toute autre
choſe, quand on ſe veut obliger à la garantie de faiɐt, on
promet *la pleuuir*, ou bien *on la vend en pleuuine*, & quand
ces clauſes ſont appoſees ou proferees en la vente, le vendeur eſt tenu du vice de la choſe, encores que luy meſme
l'aye ignoré.*l. Iulianus. § quod autem ff.de aɐt.emp.*

16   Au contraire, il y a des clauſes & au droiɐt Romain &
à nous, pour s'exempter de ceſte garantie, au cas que l'on
y fuſt tenu, ou ſuiuant l'ediɐt des Ædiles, ou autrement.
Aſçauoir, quand on exprime au contraɐt, *Rem qualis eſt væ-*
*nire, l.ſiplus.§.vlt.ff.de eui.*que nous diſons vendre la choſe,
telle & en tel eſtat qu'elle eſt, ou vendre tout & tel droiɐt que l'on a
*en icelle.*Et aux maiſons ou terres on diɐt,*Quo iure,quáque con-*
ditione ea prædia L. Titÿ ſunt hodie , ita væneunt.l.vlt.§.vlt.ff.de
*aɐt.empt.*que nous diſons , *Ainſi qu'ils ſe pourſuiuent & com-*
portent,& que l'achepteur a dit bien ſçauoir & cognoiſtre.

17 Auſſi en matiere de cheuaux & autres tels animaux redhibitoires , on dit *qu'on les vend ô la queuë*,c'eſt à dire,auec
la queuë,exprimant, à mon aduis, la plus vile partie, pour
ſe deſcharger de la garantie du tout. Ainſi qu'à Rome,*Ser-*
ui vænibãt cũ pileo ſeu pileati,quãd on ne les vouloit garantir ,
comme recite Aulugelle. Et en toutes autres choſes pour ſe
deſcharger de la garãtie, de fait on dit,*vendre à toutes riſques*,
à tous hazards ou achepter à ſes perils & fortunes, que Paulus *in*
Perſa, a diɐt,*periculo ſuo emere.*

18 Il y a encores vn autre beau terme au droiɐt qui me-

rite bien d'eſtre expliqué, c'eſt *Auerſione emere*, ou ſelon aucuns, *Aduerſione*, qu'ils expliquent, *aduerſos caſus in ſe recipere, vel caſus fortuitos à ſe auertere*. *Res auerſione empta*, dict *Modeſtinus, ſi non dolo venditoris factum ſit, ad periculum emptoris pertinebit, etiamſi aſſignata non ſit. i. tradita. l. qui officij. §. vlt. ff. de contr. emp*. Ainſi l'interpretent Budee & Conan, en ce ſeulement contraires, que l'vn lit *auerſione*, l'autre *aduerſione*. Mais qui y prendra garde de plus pres, trouuera que Cujas a plus approché de la verité, diſant, que *Auerſione emere*, ſignifie ce que nous diſons, *Achepter en bloc & en taſche*, c'eſt à dire achepter d'vn ſeul prix pluſieurs choſes enſemble, ſans compte, ſans poids & ſans meſure, que Valent en ſes Nou. dict, *in aggere*, & conſequemment *Opus auerſione locare*, c'eſt faire marché de la beſongne en bloc & en taſche, nõ point à iournee ny à la toiſe: auſſi en la loy *opus. ff. loc. opus auerſione locatum* eſt oppoſé à *opus quod in pedes menſuráſque præſtatur*. De meſme, *Vinum auerſione vendere* en la loy 4. §. 1. ff. de per. & com. rei vend*. ce n'eſt pas comme aucuns penſent vendre du vin en gros, mais c'eſt le vendre en bloc, c'eſt à dire, ſans conter combien de pieces, ou quelle quantité il y en a.

19 Cujas dict que *Auerſione emere*, ſe dict en Grec κατ᾽ ἀ, qui me faict ſouuenir de noſtre terme vulgaire, *faire vne quote mal taillee*, qui eſt dict par vne alluſion & agnomination aſſez inepte de *quotte à cotte*. Tãt y a que *auerſione emere* vient de ce que quand on faict tels marchez à tous hazards & en bloc, *auertitur animus*, & ne s'arreſte-on à côter, nombrer, meſurer ou autremẽt controller ce que l'on achepte. Auſſi en la loy *qui officij. §. vlt*. il eſt dict, *res in aduerſione empta* ſelon la lecture vulgaire : & pour ceſte occaſion, on tient qu'en tels marchez il n'eſchet aucune pleuuine ny redhibition.

DE LA GARANTIE DE DROICT
& de faict, des debtes ou rentes venduës.

CHAPITRE. III.

SOMMAIRE.

1 *Quelle garantie est deuë, par la propre nature du contract de vente, d'vne debte ou rente.*

2. *Tout vendeur doit regulierement garantir trois poincts.*

3. *La subsistence de la chose venduë doit estre garantie aux choses incorporelles.*

4. *Si la garantie de fait est deuë par la propre nature du contract de vente d'vne debte, ou d'vne rente.*

5. *Quelle garantie de faict est deuë en la simple assignation de debte.*

6 *En l'assignation simple le cedant peut tousiours receuoir la debte.*

7. *Quelles actions passent au cessionnaire en la simple assignation de debte.*

8. *Qu'il n'eschet aucune garantie de faict en la delegation.*

9. *Quelle garantie de fait eschet en la vente de debte ou rente.*
Opinion de Barthole refutee.

10. *Si la clause Garentir de tous troubles, comprend la garentie de fait.*

11. *Opinion negatiue refutee.*

1 POVR doncques adapter tout ce qui a esté dict cy dessus à la garantie des rentes, il est certain pour ce qui concerne l'euiction ou garantie de droict, que quicõque vend vne debte ou vne rente, est tenu de garantir qu'elle est deuë & legitimement constituee, encores qu'il n'y aye aucune stipulation d'euiction ou promesse de garantie au contract.

2 Car en tous contracts de vente indistinctement le vendeur est tenu de trois choses par la nature du contract pour exclure le recours de garantie. Premierement que la chose soit & subsiste. Secondement, qu'elle luy appartienne. Tiercement qu'elle ne soit engagee ny hypothequee à autruy. Et manquant l'vne de ces trois conditions, l'action de garantie a lieu.

3 Vray est que ceste premiere cõditiõ que la chose soit & subsiste, paroist d'auantage, & est plus remarquable en vente de debtes ou rentes qui n'ont pas leur estre visible, & palpable, comme les autres biens meubles & immeubles. Si donc la rente n'est point deuë par effect, si elle n'appartient point au cedant, si elle est hypothequee à d'autres debtes, le vendeur en est tenu, ores qu'il n'ait promis garentir.

4 Mais la difficulté gist en la garantie de faict. Doncques
pour

pour sçauoir si le cedant d'vne rente est tenu par la nature du contract, & sans clause particuliere, de garentir la bonté & soluabilité de la rente, il faut distinguer trois diuers cas ou pour mieux dire trois diuers degrez de cessions de deb-tes. Asçauoir, la simple assignation, quand le debteur as-signe son creanier sur vne debte, qui luy est deuë par vn autre : la vente d'vne debte, quand l'on achepte, ou prend en payement vne debte : & la delegation, quand le crean-cier accepte & prend pour homme le debteur de son deb-teur, & le faict obliger à soy.

5   En la simple assignation de debte, qui est fort ordi-naire en France principalement entre les financiers, & qui estoit fort peu pratiquee à Rome, il est certain que le cedant demeure chargé de l'insuffisance du deb-teur & du hazard de la debte, soit pour le temps present, soit pour le futur, pour ce qu'il demeure tousiours seigneur de la debte, qui n'est point acceptee par le cessionnaire, si-non entant qu'il s'en pourra faire payer. *Demonstratum est vnde accipere possit, & ideo præstari debet, L. Pau.§.vlt.de leg.3.*

6   Aussi en telle assignation, le cedãt peut luy mesme pour-suyure & receuoir le payement, sinon en trois cas, à sçauoir quand le cessionnaire a contesté en cause auec le debteur, ou quand il a receu de luy vne partie de la debte, ou bien qu'il luy a denoncé, qu'il ne payast à autre qu'à luy mesme : c'est ce que dit la loy *3. C.de nouat.& deleg.si delegatio non est interposita debitoris tui, ac propterea actiones apud te remanserunt, quamuis aduersus eum creditori tuo mandaueris actiones : tamen an-tequam litem contestetur, vel aliquid ex debito accipiat, vel debito-ri tuo denunciauerit, exigere ipse debitum non vetaris, & eo modo creditoris tui exactionem contra eum inhibere.* Qui est la seule loy auec la *l.1.C.de oblig. & act.* qui parlent de l'assignation de debte, & faute de les auoir bien entenduës, les interpretes sont tõbez en de grandes absurditez sur la conciliation des loix, qui parlent de la translation des actions directes ou v-tiles, combien que ceste matiere se resolue en trois propo-sitions assez claires.

7   Asçauoir, qu'en la simple assignation de debte, nulle a-

ction ny directe ny vtile n'est transferee à l'assigné & ne luy appartient de son chef, sinon qu'il a l'action vtile, au cas de ceste loy. *i. de obl. & act.* Hors ce cas il peut seulement intenter au nom de son cedant, l'action directe, si elle luy a esté cedee ou bien expressément, *vt in d. l. 3. de nouat. in pr.* ou du moins tacitement par la traditiou de l'obligation ou cedule, *l. vlt. Cod. de pact. conuent. l. 1. & ibi Bald. C. de donat. que les vieils praticiens disent faire porteur de lettres.* En la vente de la debte, l'achepteur a seulement de son chef les actions vtiles, & les directes du chef de son vendeur par cession expresse & non autremét, *l. vlt. C. quando fiscus vel priuat. &c.* Bref en la delegation, le cessionnaire a de son chef toutes les actions, sans qu'il en reste plus aucune au cedant: *l. 2. C. de nouat. & de leg.*

8 Et pour reuenir à nostre poinct, il est aisé à entendre, qu'en la delegation de debte c'est tout le contraire qu'en la simple assignation. Car d'autant qu'il y a nouation expresse de la premiere obligation, qui est transfuse en la seconde, du consentement des trois parties, à sçauoir du cedant, du cessionnaire & du debteur, qui tous trois doiuent necessairement assister à la delegation *L. vlt. C. de nouat.* il est sans doubte, que tout le peril de la debte tombe sur le cessionnaire, mesme pour le temps precedant la cession. C'est ce que adiouste la mesme loy 3. *De nouat. Quod si delegatione facta, tu liberatus es, frustra vereris ne eo. quod quasi à cliente suo creditor non facit exactionem, ad te periculum redundet, cùm per verborum obligationem voluntate debitoris interposita, debito liberatus sis.* Aussi c'est en ce cas que Paulus a dit que *Bonũ nomen facit, qui admittit debitorem delegatum. l. inter causas. §. abesse. ff. mandat.*

9 Mais il peut y auoir de la doubte en la pure vente d'vne debte, qui se faict sans nouation en l'absence du debteur, & sans aussi qu'il soit deschargé expressement enuers le vendeur, ny obligé enuers l'achepteur. Car Barthole *in l. Pupilli, §. furor. D. de solut.* tiét que le peril present de la debte appartient au védeur, mais que le peril futur est au dommage de l'achepteur, comme c'est vne regle generale en

toutes ventes, & allegue à ce propos la loy *si cum dotem .§.*
si mulier. D. sol. matr. Toutesfois le contraire est expressement decidé par Vlp. *Si nomen sit distractum, Celsus scribit lo-*
cupletem debitorem non esse præstandum : debitorem autem eum esse
debere præstari, nisi aliud cōuenit. l. si nomen. D. hær. vel act. vend.
Dont la raison est réduë en la loy *Promittendo.§. si à debitore.*
vers. quod si. D. de iure dot. periculum emptoru esse, quia sciens tale
nomen secutus videtur, quale in obligatione fuerit. Ce qui reuient
à ce que nous auons dit que la garantie de droict est deuë,
ores qu'ellene soit promise : mais que la garantie de faict
n'est deuë, si elle n'est promise.

10 Dont resulte vne plus grande difficulté, à sçauoir quãd
la clause de *Garantir de tous troubles & empeschemens quelcon-*
ques est apposee au contract de vente d'vne debte ou d'vne
rente, si le vendeur est tenu de ceste garantie de faict, c'est
à dire de garantir, qu'elle est exigible & perceptible, qui est
ce que nous disons en droict : *Non solum debitum subesse , sed*
etiam debitorem soluendo esse.

11 Aucuns tiennent que nonobstant la promesse de garantie & comme si elle ne seruoit de rien , le vendeur & garãt
n'est point tenu *præstare locupletem debitorem* , disant qu'il ne
faut pas que la clause de garantie opere plus és rentes qu'és
autres ventes, & principalement se fondants sur les loix, *si*
nomen de hær. vend. & l. si plus.§.vlt.ff.de euict. Mais elles parlent (comme nous auons dict) quand il n'y a aucune promesse de garantie au contract : la loy *si nomen* dict nom-
mément *Nisi aliud conuenit, secus ergo si aliud conuenit, videlicet*
si nominatim promissa est euictio. Et la loy *si plus* , dict *si nomen*
quale est væneat : Aliud igitur, si non quale est, comme quand
il y a promesse de garantie. Ils se fondent aussi sur ce que si
vne heredité est venduë, encores qu'il n'y ait aucuns biens,
voire qu'elle soit onereuse, *modò sit hæreditas,* quelque promesse de garantie que l'on aye faicte, l'on n'a point de recours contre le vendeur. *l. 1. C. de euict.* Mais en vn mot il y a
grande difference de vendre vne heredité (*quod nomen iuris*
est, quæque sine re esse potest, inquit Ambros.) en fin qui n'est li-

quide ny certaine,& vendre non vne action ou vn procés,
mais vne debte d'vne somme certaine & liquide.

12   Autres tombans d'vne extremité en l'autre, tiénét indistinctement que quand il y a promesse de garantie, le vendeur est tenu de l'insoluabilité du debteur, ores mesmes
qu'elle suruienne apres le contract de vente, & semble de
prime face que ceste opinion approche aucunement du
sens & intelligence commune. Car qui garantit vne rente,
semble s'obliger à la faire bonne, c'est à dire, exigible & perceptible. Par ce moyen ils confondent la clause de *fournir
& faire valoir* auec celle *de garantir*: comme aussi la stipulation de droict, *Habere licere*, qui semble se rapporter à *fournir & faire valoir*, estoit sans doubte le vray & essentiel for-
mulaire de la stipulation d'euiction.

13   Mais pource que ceste opinion se refute d'elle-mes-
me, & sera cy-apres confutee plus à propos, quand il sera
parlé de *fournir & faire valoir*, ie viendray à la troisiesme opinion, qui me semble la plus vraye & equitable.
A sçauoir, que la clause de garantie en vne cession de
debte ou de rente, opere que le cedant est tenu de l'insoluabilité du debteur, qui estoit lors du contract, mais
non du peril & insuffisance qui pourroit suruenir par
apres.

14   La raison est aisee, que comme en toute autre chose,
aussi en vne rente le peril precedant le contract est au
dommage du vendeur, & le subsequent de l'achepteur.
l. necessario, in pr. ff. de per. & comm. rei vend. Vray est que s'il
n'y auoit promesse expresse de garantie, il sembleroit que
l'on eust entendu vendre la debte telle qu'elle estoit,
ainsi que nous auons dict. Mais quand il y a expresse stipulation de garantie, telle presumption & consideration
cesse.

15   Car nous auons dit que le mot François *Garantir*,
comme plus significatif que le Latin, *euictio*, s'adapte &
selon son etymologie, & selon son vsage, tant à la garantie
de faict, que de droict: ne plus ne moins que le terme La-

tin, *Præstare*. Et encores qu'il y ait vn terme particulier pour signifier la garantie de faict, qui est *pleuuir*, si est-ce que puis que les Notaires ny les Praticiens ne l'ont encores authorisé, il faut toufiours en ce qui est de leur estat, se seruir du mot *Garantir*, en l'vne & l'autre signification. Aussi quand l'aucteur de la Somme Rurale definit la garantie, il dit, *Garantie est quand par la coulpe du vendeur ou de son temps seroit aduenu le dommage sur la chose vëduë*, qui est bien pour monstrer que la garantie signifie aussi bien le faict que le droict.

16 Et à vray dire, garantir vne rente, qu'est-ce autre chose sinõ la faire bõne? Or bõne c'est à dire biẽ payable & perceptible, que l'on dit en Latin, *Bonum nomen. l. 1. ff. ad Senat. Maced. l. inter causas. §. abesse. ff. mandati*. Et n'y a homme qui ait le iugement naturel bon, qui l'interprete autrement: & est à croire que tous ceux qui mettent ceste clause en leurs contracts, pensent que ceste charge & obligation est entendüe.

17 Et si ainsi est que le garant soit appellé en Grec βεβαιώτης χỳ αἰθέντης, pource qu'il stabilite & confirme le cõtract, & en Latin, *Auctor quòd augeat primam obligationem*: comment pouuõs-nous dire que ceste clause celebre & solẽnelle de *Garantir de tous troubles & empeschemens quelconques*, soit du tout inutile & frustratoire? principalement puisque par vne douce & naïfue interpretation, sans forcer ny les termes de la clause, ny l'intention des parties, ny l'equité naturelle, on luy peut attribuer vn effect & signification notable. Consideré aussi la maxime de Balde, *in rub. C. de contr. emp.* que *contractuum verba maximè ea quæ funt solennia, potius impropriãda funt, vt aliquid operentur*

18 Car encores que nous ayons dict que aux contracts de vente d'heritages, ceste clause ne sert regulierement de rien, pource que tout ce qu'elle peut operer est deu par la propre nature du contract de vente, nous auons aussi prouué par apres, que quand on peut adapter ceste clause à quelque effect, qui de soy ne depend du contract, elle n'est alors inutile, comme en la donation, en la vente faicte par

le Procureur & par le creancier, en la vente d'offices, & de la chose que l'acheteur sçauoit appartenir à autruy.

19   Et puis que le Iurisconsulte a dit que la raison pour laquelle le mary ayant prins en dot vne debte deuë à sa femme, est tenu de porter le peril d'icelle, estoit *quia sciens tale nomen secutus videtur, quale in obligatione fuisset. l. in promittendo. § 2 D. de iu. dot.* Il s'ensuit, *à contrario*, que *si videri non possit tale nomen secutus fuisse*, comme quand il s'est voulu asseurer de la garantie, il ne sera pas tenu de porter le peril present de la debte. Pareil argument se peut tirer des deux loix sus alleguees. *l. si nomen. & l. si plus.*

20   Outre tout cela quelle apparence y auroit-il qu'en vn côtract de bône foy le vêdeur eust l'argêt de l'achepteur, & l'acheteur n'eust rien que du papier, c'est à dire, vne debte nullement payable, qui est la raison de la loy *emptorem. De act. empt.* principalement quand l'achepteur s'est voulu asseurer d'vne speciale promesse de garantie qui exclud toute presomption, qu'il aye entendu prendre la debte à ses perils & fortunes. Car puisque les mots doiuent estre entendus auec l'effect, il est certain qu'à le bien prendre, ce n'est pas vne vraye debte, qu'vne debte imperceptible. *Nam is nulla videtur habere actionem, cui propter inopiam aduersarij inanis est actio.* C'est ce que dit le Poëte,

Sexte, nihil debes, nil debes, Sexte, fatemur.

Debet enim si quis soluere, Sexte, potest.

Et Caius, *Debitor is est, inquit, à quo inuito exigi pecunia potest. l. debitor. de verb. sig.* Et Paulus, *Cuius debitor soluendo non est, tantum habet in bonis, quantum exigere potest. l. pretia rerum. §. cuius. D. ad l. Falcid.*

21   Or comme ainsi soit que *inanis actio redditur vel exceptione iuris, vel exceptione facti,* comme parlent les anciens interpretes entendans la pauureté, *per exceptionem facti :* & puisque d'ailleurs il est certain que *exceptiones iuris faciunt locum euictioni etiam non promissæ, in venditione nominis. l. & quidem. D. de hær. vel act. vend.* sans doute, il est equitable que l'exception de pauureté engendre vn recours de garantie, quand disertement elle a esté stipulee. En quoy semble

n'y auoir plus de difficulté, puiſque les propres termes de
ceſte clauſe s'y accommodent naïſuement. Car quand l'on
promet *Garantir de tous troubles & empeſchemens quelsconques*,
il s'enſuit que l'on promet garantir, tant des empeſchemés
de faiĉt que de droiĉt, & conſequemment de l'empeſchement de pauureté, qui eſt le vray empeſchement ou exception de faiĉt, & qui eſt bien le plus grand empeſchement qui puiſſe eſtre, ἰσχυρόν γὰ ὅπλον ἀκτημοσύνη καὶ ἀκα-
ταγώνιςον καταγώνιον, diĉt ſainĉt Iean Chryſoſt. ὁμιλ. περὶ
πλᾶτυ κỳ πενίας·

22   Côme auſſi c'eſt ſans doute que ces mots, *De tous troubles & empeſchemens quelsconques*, ſont adiouſtez apres le mot
Garantir, pour oſter ſô homonymie & l'accômoder à toutes
ſes deux ſignifications, c'eſt à dire à la garantiede faiĉt & de
droiĉt, & partant, *Garantir de tous troubles & empeſchemens
quelsconques*, ſignifie clairement par ce terme vniuerſel ge-
miné, garátir tát des empeſchemens de faiĉt que de droiĉt.
Puis donc que la raiſon, l'intelligence commune, l'equité
naturelle, & la propre interpretation des termes de ceſte
clauſe, & l'abſurdité qui en reſulteroit autrement, concur-
rent en ceſte expoſition, ie ne doute nullement qu'elle ne
ſoit veritable.

DE LA CLAVSE, *FOVRNIR ET*
faire valoir, & ſi elle requiert diſcuſſion.

CHAPITRE LIII.

SOMMAIRE.

1. *Propoſition.*
2. *Que ceſte clauſe eſt fort ancienne.*
3. Habere licere quid?
4. *Fournir & faire valoir eſt plus que* habere licere.
   Trois opinions ſur l'importance de ceſte clauſe,
   Fournir & faire valoir.

TRAICTÉ DE LA GARANTIE

Ayant

Y A N T expliqué la cauſe de *Garantie*, & ayant amplemét prouué qu'elle charge le cedant de l'inſuffiſance de la rente au temps du tranſport, reſte d'expliquer les deux autres clauſes de la garantie des rentes cedees, dont l'vne qui eſt *fournir & faire valoir*, concerne l'aſſeurance de la rente pour l'aduenir: l'autre qui eſt, *De payer ſoy-meſme en defaut du debteur*, la facilité de conuention.

2 Quant à la clauſe *de Fournir & faire valoir*, elle n'eſt pas inuentee depuis peu de temps, comme beaucoup penſent. Car outre qu'elle ſe trouue inſcrite en l'art.189. de l'ancienne couſtume de Paris redigee en l'an 1510. l'autheur du Grand Couſtumier & Inſtruction de pratique qui a eſcrit pendát le regne de Charles VI. il y a bien deux cens ans, la rapporte en deux endroits de ſon œuure, à ſçauoir au liure 2. chapitre 34. & au liure 3. chapitre 25. où il en parle comme d'vne clauſe toute ordinaire aux contracts de rente: & meſme Guy Pape faict mention de ceſte clauſe en ſa queſtion 8. recitant vn arreſt de Grenoble de l'an mil quatre cens trente quatre.

3 Il ſemble de prime face, que ceſte clauſe ſe rapporte à la formule Romaine, *Habere licere*, dont on vſoit en la ſtipulation d'euiction, & qui ſignifioit *Curari oportere & perfici vt emptori habere liceret. Habere autem plenum verbum eſt, & ſignificat dominium, fructum, poſſeſſionem & detentionem obtinere.* Vray eſt qu'en la ſtipulation d'euiction *Habere, non ſignificat dominium*, ains ſeulement *vt detinere rem ſine interpellatione liceat. l. habere. ff. de verb. ſign.* Car il y a trois termes notables au droict que lon conioinct volontiers enſemble, *Habere, tenere, poſſidere. In formula Aquilianæ ſtipulationis, Quod tu meum habes, tenes, poſſides. Plin. epiſt. 1. Totum me tenet, habet, poſſidet.* Dont *tenere proprium eſt naturalis poſſeſſionis, poſſidere, ciuilis. Theoph.* Κρατεῖν ἐϛὶ φυϲικῶς κατέχειν, νέμεϲϑαι δὲ τὸ ψυχῇ δεϲπόζοντος κατέχειν· *Habere autem vtrumque comprehendit.*

4 Mais les termes de *Fournir & faire valoir*, bien qu'ils imitent *Habere licere*, si est-ce qu'ils ne s'y rapportent pas dire-ctemét : ains sans doute ils ont plus d'emphase selon le son, & aussi plus d'energie selon l'vsage, comme il sera cy apres discouru, principalement quand on y adiouste ces mots, *tant en principal qu'arrerages*. Comme donc nous auons apporté trois diuers aduis sur l'effect de la clause de *Garantir*, aussi consequemmét il y a trois opinions touchant la clau-se de *Fournir & faire valoir*, à cause que plus ou moins on donne de force à la premiere clause, plus ou moins aussi on en attribue à la seconde.

5 Ceux qui sont d'aduis que par la promesse de garantie le védeur est tenu de l'insoluabilité suruenuë au debteur, apres le contract, disent que par la clause de *Fournir & faire valoir*, il est obligé de payer luy-mesme, en cas que l'acheteur apres auoir attédu quelque temps suffisant selon l'arbitrage du Iuge, & apres auoir fait quelque legere discus-sion, ou plustost quelques diligences à l'encontre du debteur, ne puisse tirer payement de luy, de sorte qu'à leur dire *Fournir & faire valoir*, implique la troisiesme clause *De payer soy-mesme*, qu'ils disent n'estre adioustee que par vn langage superflu des Notaires pour expliquer plus clairement la clause de *Fournir & faire valoir*. Qui est l'opinion que lon dict auoir iusques icy esté tenuë au Chastelet, & semble que du Moulin la tienne au traicté des Vsur. quest. 62. en ces mots : *Si cedens reditum promittit non solum euictionem iuris, sed etiam facti, videlicet debitorem fore soluendo, idem est ac si venditor ipse ad continuationem reditus se obligaret*. Mais qui verra le passage tout au long & à loisir, entendra bien que ce n'est pas son intention.

6 Ceux qui tiennent l'opinion toute contraire, à sçauoir que la simple promesse de garantie n'opere rien non plus en matiere de rentes qu'aux autres choses venduës, & que elle n'oblige le vendeur à garantir que le debteur soit soluable, mesme lors du contract, disent consequemment

que par la clauſe de *Fournir & faire valoir*, le vendeur eſt tenu de l'inſoluabilité du debteur precedente le contract de
véte, mais non de celle qui peut ſuruenir par apres. Et à la
verité il y a de grádes raiſons pour ceſte opinion, qui eſt celle que tient ce docte perſonnage autheur du traicté de
Fournir & faire valoir.

7   La troiſieſme opinion eſt de ceux qui eſtimĕt que quád
le vendeur d'vne rente a promis la garátir de tous troubles
& empeſchements quelconques, il eſt tenu la faire bonne & perceptible, lors du contract qui eſt la garantie de
faict.   Et partant ils ſouſtiennent que quand il a promis
en outre la *fournir & faire valoir tant en principal qu'arrerages*,
il eſt tenu garantir qu'elle ſoit bonne & exigible, meſmes
apres le contract, & en quelque temps que ce ſoit iuſques
au raquit & amortiſſement. De ſorte que le debteur eſtant
vne fois approuué inſoluable par vne diſcuſſion exacte de
tous ſes biens, l'on peut auoir recours contre le vendeur,
& le contraindre deſormais à payer & continuer la rente.
Et à la verité s'il eſt ainſi que la clauſe de *Garantir*, rend le
vendeur tenu du peril preſent de la debte, ceſte clauſe ſi-
gnalee de *Fournir & faire valoir*, ſeroit du tout ſans effect, ſi
elle ne le rendoit reſponſable du peril futur.

8   Ceſte opinion comme metoyenne entre les deux autres, comme auſſi la plus commune & qui a eſté tenuë iuſques icy au Palais, m'a touſiours ſemblé la plus vraye: & ne
m'en ſuis peu departir, ny pour la creance extreme que i'ay
au ſçauoir & iugement de celuy qui eſt reputé l'autheur de
ce liuret, ny pour les raiſons y contenuës, auſquelles ie taſ-
cheray de reſpondre apres auoir confirmé la commune
opinion.

9   Doncques de la diuerſité de ces trois opinions, il reſulte deux queſtions: L'vne de ſçauoir, *ſi le cedant , qui a
promis fournir & faire valoir la rente , eſt tenu d'icelle directement ou apres diſcuſſion ſeulement . L'autre, s'il eſt tenu de
l'inſuffiſance ſuruenuë au debteur apres ſon tranſport.*

10   Or puisque ces deux questions dependent principale-ment de la valeur & proprieté des termes de ceste clause, il faut expliquer, que signifiét ces termes de *fournir & faire valoir*, *tant en principal qu'arrerages*, qui sont totalement françois, non tirez ny empruntez du Latin, mais possible aucunement imitez. *Fournir* signifie quelque chose de plus, que bailler: car *Fournir*, c'est suggerir & bailler ce qui manque & defaut: comme *fournir de soldats vne compagnie*, que lon dit, *legionem supplere* : *fournir des materiaux à vn archi-tecte*, *fournir vn homme de viures & d'habits*, *fournir la complain-cte*, *fournir vn payement*, c'est a dire acheuer ce qui defaut. Donc *fournir vne rente*, ce n'est pas la bailler & ceder sim-plement, ce n'est pas aussi la payer simplement: mais c'est la payer au defaut du debteur d'icelle, c'est a dire suppleer & acheuer ce qu'il ne pourra payer. C'est doncques en ef-fect, *Præstare quantominus à reo exigi possit*, qui estoit le for-mulaire ancien de l'obligation des fideiusseurs subsidiai-res. *l. si decem. ff. de solut. l. decem. ff. de verb. obl. l. si ita. de verb. signif.*

11   Pareillement promettre *De faire valoir*, c'est se charger de rendre la rente bonne & valable. Car le mot de *faire* a vne grande emphase, & se rapporte directement au terme Latin, *præstare*. *Præstare*, dit Budee, *est in se recipere, suo peri-culo esse velle, & fide sua esse inbere futuræ rei euentum, vt præstare culpam, præstare vicium rei venditæ, præstare euictionem, hoc est in se recipere.* Ce que nous disons proprement en françois *prendre sur soy.* Et ce mot *valoir* signifie indubitablement, *Bonum esse*: dõt promettre *faire valoir vne rente*, c'est prendre sur soy, qu'vne rente soit bonne, c'est à dire qu'elle soit exi-gible & perceptible, ainsi que ce mot est pris en la loy 1. *ff. ad Senat. Maced.*

12   Et par consequent il s'ensuit que ceste clause se rap-porte aux formules du droict Romain, *bonum nomen fore, de-bitum exigi posse, debitorem fore soluendo.* Vray est que les Iuris-consultes les conceuoient au temps present, non au temps futur, tant pour ce qu'ils n'en auoient que faire au futur, ainsi qu'il sera tantost dit, que aussi pource que trenchant

leur refolution par vne negatiue, quand ils ont dit, que celuy qui vend purement & fimplement vne debte, *non præ-
ſtat debitorem foluēdo eſſe* ; il n'eſtoit à propos d'vſer du temps
futur. Car vne negatiue indiſtin&te s'exprime par le tēps
preſent, & decidant que le vendeur n'eſtoit tenu, ſi le debteur eſtoit inſoluable au temps preſent, à plus forte raiſon
le meſme s'enſuiuoit, s'il deuenoit inſoluable par apres.

13   Ces mots doncques *Fournir & faire valoir*, importent
tout enſemble *& bonum nomen præſtari, & præſtari, quantominus à reo exigi poſſit*, qui eſt en effe&t rendre le vendeur,
comme fideiuſſeur du debteur. *Decem ſtipulatus*, dit Papinian, *à Titio poſteà quantominus ab eo conſequi poſſes, ſi à Mæuio ſtipuleris, ſine dubio Mæuius periculum poteſt ſubire. Non enim
ſunt duo rei Titius & Mæuius, ſed Mæuius ſub conditione debet, ſi
à Titio exigi non poterit. Igitur nec Mæuius pendente ſtipulationis
conditione poteſt conueniri. A Mæuio enim ante Titium excuſſum
non rectè petetur. l. Decem.ff.de verb. oblig.* Ce qui refute en
paſſant la premiere opinion ſur l'interpretation de ceſte
clauſe, & decide clairement, que la clauſe de fournir &
faire valoir, requiert diſcuſſion.

14   Or pource qu'il y a pluſieurs ſortes de fideiuſſeurs, il
faut eſplucher de quelle ſorte eſt celuy qui a promis *fournir
& faire valoir vne rente*. Car le mot de fideiuſſeur, eſt vn
mot general, qui s'accommode à tous ceux *qui alienam obli-
gationē fide ſua eſſe iubent*. Et pour les particulariſer, celuy qui
a promis *fournir & faire valoir*, ne peut pas eſtre *mandator*.
Car *mādator* eſt celuy qui *auctor eſt, mandátque pecuniam alteri
multuò dari*, & faut qu'il precede & deuance neceſſairemēt
l'obligation du debteur principal. *l. ſi vero non remunerandi.
§. ſi poſt creditam. ff. mandati*. Il n'eſt pas auſſi *expromiſſor*:
car c'eſt celuy qui transfere entierement ſur ſoy l'obligation d'autruy, & deſcharge le premier debteur, *ſiue accedat
inutili obligationi, ſiue vtilem in ſe transferat. l. & eleganter. §.
ſeruus.ff.dè do.l.ſi quis accepto.ff.de cond.ſine cauſ.* difficilement
pourroit-il eſtre *ſponſor, qui ſponte & non rogatus intercedit*,
dit Feſtus & Alciat *in parerg*. Mais il pourroit bien eſtre
conſtitutor, ſiue cònſtitutæ pecuniæ reus, vt in l. quidam.ff.de conſt.

pec. aſçauoir celuy qui ſans ſtipulation ſolennelle, & hors le contract promet payer pour autruy, que Iuſtinian appelle ἀντιφωνήτlω, *Nou* 4. c'eſt à dire celuy qui parle pour vn autre. Il pourroit encores pluſtoſt eſtre *adpromiſſor*, à ſçauoit celuy qui *ex interuallo accedit iam conſtitutæ obligationi. l. 1. §. ſatis acceptio. ff. de verb. oblig.* ſelon la vraye lecture. Mais ſur tout il approche fort du βεβαιώτης de Iuſtinian, *Nou.* 4. qui eſt tourné en Latin *ſecundus auctor, vel confirmator*, qui eſt le pleige de la garantie, *fideiuſſor ob euictionem acceptus*, comme Vlp. l'explique *l. 4. ff. de euict.* & celuy-la s'oblige que vn autre ſera garāt ſoluable & ſuffiſant.

15 Voyla les noms & les eſpeces de fideiuſſeurs recogneus au droict Romain, voyós maintenant quelle obligation ils ſubiſſoient, & s'ils eſtoient tenus directement & de prime ſaut, ou biē ſeulement apres diſcuſſion du principal dèbteur : en quoy il faut diſtinguer trois diuers temps, ou pour mieux dire, trois mutations de droict.

16 Car premierement par vne vieille loy, que nous n'auons point, & dont la Nou. 4. fait mention, que Cujas a opinion auoir eſté des XII. Tables, le fideiuſſeur n'eſtoit tenu que ſubſidiairement apres le debteur diſcuté, ce qui s'obſeruoit encores du temps de Ciceron, qui en plus de quatre endroicts des epiſtres *ad Att.* (que i'obmets pour cauſe de briefueté) dict, que *ſponſores liberantur, ſi reus ſit locuples.* Auſſi le fiſque & la republique ont touſiours vſé de ce droict, *l. Moſchus. ff. de iu. fiſc. l. 5. de ſent. & interlo. omni. Iud. l. 3. §. vlt. ff. de admin. rerum ad ciuitat. pertin. l. Libertus §. filium. ff. ad municip.*

17 Depuis ceſte anciéne loy fut abolie par vn vſage contraire, comme parle Iuſtinian, de ſorte que du temps des Iuriſconſultes & des Empereurs on obſerua, que le creancier auoit optió de pourſuiure lequel il vouloit ou du debteur, ou du fideiuſſeur, ou meſme des gages & hypotheques, *l. qui mutuam. ff. mand. l. 2. 3. 5. 23. Cod. de fideiuſſ. l. inter. §. creditor. ff. eod. tit.*

18 Iuſques à ce que Iuſtinian par ſa nouuelle 4. remiſt aucunement ceſte ancienne loy en vigueur, attribuant le

beneficc de difcuffion au fideiuffeur, qui eft le droict que nous gardons maintenant , qui pourtant eft quelque peu different de l'ancien droict . Car en l'ancien droict la difcuffion competoit au fideiuffeur par la propre nature de fon obligation & de plein droict , de forte qu'il n'y pouuoit renoncer , où s'il y renonçoit , il n'eftoit plus fideiuffeur ains deuenoit principal debteur. Mais par cefte Nou. la difcuffion a efté attribuee au fideiuffeur par forme d'exception ou de priuilege feulemét,à laquelle partát il peut renócer , fans q̃ neantmoins il fe cóftitue principal debteur.

19   Or il faut noter que auparauát cefte Nouuelle,& lors qu'on fe pouuoit addreffer directement contre le fideiuffeur , fans difcuter le principal debteur , pource que tel fe vouloit bien obliger fubfidiairement , qui ne vouloit pas eftre tenu fans difcuffion,on fut contrainct de trouuer vne inuention pour s'obliger feulement apres difcuffion , qui fut par le moyen de la claufe ou formule. *Quanto minùs à reo exigi poffet* , ou bien *Quanto minus ex pignoribus feruari poffet*. Car en ce cas il falloit difcuter le debteur & les gages, auát que s'addreffer au fideiuffeur.

20   De maniere qu'il fe trouua lors deux degrez de fideiuffion , afçauoir le fideiuffeur pur & fimple , qui fe dit en droict, *fideiuffor fimpliciter acceptus. d. §. creditor & d. l. reos. l. 2. de fideiuff. tut.* Et le fideiuffeur fubfidiaire , que les Docteurs appellent *fideiufforem indemnitatis,* qui eftoit conftitué en deux façons: l'vne quand cefte claufe, *Quantominus à reo aut pignoribus exigi poffet*,eftoit exprimee en fon obligation, l'autre quãd fon interceffion eftoit cóceuë en tels termes, qu'elle impliquoit feulemét vne promeffe fubfidiaire. Qui eft vne remarque fort notable , dont il y a plufieurs beaux paffages dans le droict , qui faute d'auoir efté bien efclaircis,ont donné beaucoup de peine aux interpretes.

21   Pour exemple, la loy feconde *de fideiuffor. tutor.* dict qu'il y a grande difference entre le fideiuffeur pur & fimple du tuteur, & entre celuy qui a promis, *Quanto minus à tutore feruari poffit* , ou bien qui a promis: *Rem pupilli faluam fore*, pource que le fimple fideiuffeur eft tenu au

parauant la difcuffion, & les autres font tenus apres difcuffion feulement. Autre exemple en la loy, *fi ita ftipulatus.*
*97.§.1.de verb.obl.*de celuy qui a promis *Titium daturum,*qui
n'eft que fideiuffeur fubfidiaire, & n'eft tenu tant que Titius eft foluable. Autant en eft dit en la loy derniere. *§.vlt.*
*ff.de reb.cred. & * en la loy *illa ftipulatio de verb. oblig.* de celuy
qui a promis *decem danda curari.* De mefme auffi femble
eftre dit *De fideiuffore indemnitatis in l.2. Cod. Si mater indemni.*
promif.& l.tutor ff.ad Vellei. & l.1.C.de conuent. fifc. debit. Où
Barthole paffant plus outre dit, que le fideiuffeur d'indemnité, encores mefme qu'il ait renoncé au benefice de difcuffion, ne peut toutesfois eftre côuenu auant le debteur,
quia, dict-il, *hoc inducit natura obligationis hoc cafu, non benefi-*
cium fideiuffionis.

22   Cela prefuppofé il eft aifé à colliger, que fans doubte
le cedãt qui a promis fournir, & faire valoir la rente, n'eft
qu'vn fideiuffeur fubfidiaire, & que partant il n'eft tenu
qu'apres difcuffion du debteur d'icelle : voire mefme que
l'obligation, qui refulte de cefte claufe, n'eft que conditionnelle, comme celle *quantumuis à reo exigi poffit, vt in l.*
decem.116. De verb. oblig. & l. fi decem ff. de folution. En
quoy il ne faut plus hefiter, pource qu'en beaucoup plus
forts termes, la claufe de payer foy-mefme, a efté iugee
fujette à difcuffiõ, par l'arreft prononcé en robbes rouges,
qui fera recité cy apres au 8.chap.

S l

SI FOVRNIR ET FAIRE VALOIR,
charge le cedant de la suffisance d'apres le
transport.

CHAPITRE V.

SOMMAIRE.

f

1 L'Autre queſtion qui ſe faict ſur la clauſe de *fournir & faire valoir*, eſt de ſçauoir *ſi le cedant eſt tenu de l'inſoluabilité ſuruenuë au debteur apres le tranſport d'vne rente*. Queſtion qui pourra tomber infinies fois en controuerſe en ceſte ſaiſon ruïneuſe. Comme quand les rentes ſe trouueront aſſignees ſur maiſons qui ont eſté bruſlees ou demolies pendant la guerre, ou quand les maiſons ſont deſcheuës & fonduës d'antiquité, quand les poſſeſſions des frontieres ont eſté conquiſes par l'ennemy eſtranger, quand les vignes ſont mortes ou en friche. Bref quand pour quelque cauſe que ce ſoit les heritages ſont faicts de moindre prix & valeur interne ou externe, qu'ils n'eſtoient lors de la ceſſion, ſi que les plus anciens creanciers conſument & emportent tout leur prix: voila pour le peril qui tombe ſur les hypotheques. Et quant à la perſonne debtrice, s'il aduient que tout ſon bien ſoit en marchandiſe ou en meubles, ou en autres rentes, qui par apres luy ſoient rachetees, & qu'il en conſume & diſſipe les deniers, ſoit par fortune, ou mauuais meſnage: ſçauoir ſi en tous ces cas diſcuſſion faicte ſur le debteur, on ſe peut par apres addreſſer à celuy qui a cedé la rente, & qui l'a promis *garantir, fournir, & faire valoir*.

2 A la verité ceſte queſtion eſt toute noſtre, & ne ſe trouue point ny decidee ny traictée aucunement dans le droict Romain, ny par aucun des Interpretes: comme auſſi il n'en eſtoit pas grand beſoin de leur temps, pour ce qu'ils ne recognoiſſoient point de debtes immobiliaires, perpetuelles & ſucceſſiues, comme ſont nos rentes. Et le ſeul cas qui peut tomber ſur ceſte queſtion au droict Romain, eſt quãd on auroit vendu vne debte deuë *in diem, puta*, eſcheant trois ans apres la ceſſion, ſi le debteur, qui eſtoit ſoluable lors de la ceſſion, deuenoit inſoluable auant les trois ans expirez, ſçauoir ſi apres qu'il auroit eſté diſcuté, le cedant ſeroit pas tenu de faire la debte bonne, quand il auroit non ſeulemét promis la garantie d'icelle, mais auſſi *bonum nomen eſſe, &*

debitum exigi poſſe. Car cet autheur demeure d'accord, que *Fournir & faire valoir* ſignifie *bonum nomen eſſe & locupletem debitorem eſſe,* par le temps preſent : mais non *Bonum nomen fore, & debitorem idoneum fore,* en termes de futur.

3 *Quippe,* ſi la debte eſtoit promptement payable, que *puram eſſet debitum,* on pourroit dire qu'il ſuffiroit que le debteur fuſt ſoluable lors de la ceſſion, & que s'il deuient par apres inſoluable, c'eſt la faute du ceſſionnaire de ne l'auoir fait payer lors qu'il auoit moyen. Et partant il n'eſt raiſonnable qu'il aye recours contre le cedant, lequel n'eſt tenu de porter ſa negligence & mauuais meſnage, *lege prima, Codice de diuid tut.* Mais cela ne prouient pas de ce que la clauſe *Debitum exigi poſſe,* & autres ſemblables, n'ayent bien traict au temps futur.

4 Au contraire en la debte *in diem, vel ſub conditione,* qui ne peut eſtre demandee *quouſque dies vel conditio extiterit,* ſi entre la ceſſion & l'eſcheance, le debteur deuient inſoluable, puis qu'on ne peut imputer aucune negligence au ceſſionnaire, ie croy indubitablement qu'il doit auoir recours contre le cedant, s'il a ſtipulé *nomen exigi poſſe & debitorem ſoluendo eſſe :* car puis qu'il ne peut exiger la debte auant le terme, on ne peut dire qu'elle ſoit exigible, ſinon au temps qu'elle eſchet, & ſi alors elle n'eſt exigible, pource que le debteur n'eſt ſoluable, il eſt vray de dire qu'elle n'a iamais eſté exigible ny deuant le terme, pource que le creancier ne la pouuoit demander, ny apres le terme, pource que le debteur ne la pouuoit plus payer.

5 Auſſi ceſte queſtion ſemble eſtre decidee en propres termes en la loy *Promittendo.* §. *ij.ff.de iur. dot.* qui eſt fort à propos de noſtre principale difficulté. *Si à debitore mulieris, ſub conditione dos promittatur, & poſtea antequam maritus petere poſſit, debitor ſoluendo eſſe deſierit, magis periculum ad mulierem pertinere placet. Nec enim videri maritum nomen ſecutum eo tempore, quo exigi non potuerit.* Doncques à plus forte raiſon faut conclurre le meſme, quand il y a ſtipulation expreſſe, *Debitum exigi poſſe, vel bonum nomen eſſe.*

6 Mais encores il y a beaucoup plus d'occasion d'inferer la mesme conclusion aux rentes perpetuelles, que non pas aux debtes conditionnelles, *vel in diem*. Car la rente est vne debte immobiliaire, qui doit estre plus stable & asseuree: vne debte, *inquam*, non pure ny payable à volonté, mais *in diem*, qui eschet successiuement quant aux arrerages , & qui n'eschet iamais quant au fort, sinon quand il plaist au debteur. Et partant on ne peut imputer au creancier cessionnaire , s'il n'a contrainct le debteur de la raquitter & amortir, lors qu'il estoit soluable. Celuy donc qui promet qu'vne rente est bien payable, puis que elle dure perpetuellement & iusques au rachapt, il faut qu'il la garantisse payable & exigible iusques au rachapt.

7 Car pour quelque sorte d'intercesseur que l'on vueille prendre celuy qui a promis *fournir & faire valoir vne rente*, il est certain que tous pleiges & cautions recogneus en droict, sont tenus de payer la debte, toutes fois & quantes que le principal debteur est par vne discussion approuué insoluable. Comme il se collige clairement de ceste quatriesme Nou. de Iustinian. Aussi est-ce la vraye cause pour laquelle l'on prend les fideiusseurs, que pour fournir & suppleer le payement au lieu des principaux obligez , au cas que par quelque accident ils deuiennent insoluables: *spon-for in hoc accipitur ne creditor in damno sit*, dit Quintilian. *Et qui alios pro debitore obligat , hoc maximè prospicit vt cum facultatibus lapsus fuerit debitor, possit ab iis, quos pro eo obligauit, suum consequi. §. vlt. Inst. de replic.* Ce que l'antique Praticien Bouteiller a fort bien exprimé, parlant de nostre ϵϐϱαιώτης, c'est à dire du pleige de garantie, *Dois sçauoir, dit-il, que s'il y à pleige de garantie, & on empeschast l'heritage vendu , & l'achepteur eust denoncé au vendeur afin de garantie, & le vendeur pendant ce fust mort & tombé à pauureté, si qu'il ne peust conduire son marché: sçaches que l'achepteur se pourroit traire au pleige du tout.*

8 Ce qui semble decider nostre question, car si en aucune vente il y a occasion de s'asseurer pour le temps à venir , c'est en matiere de rentes, qui est bien la plus mal asseuree espece de biens que l'on puisse auoir, quelque precaution

ou affeurance que l'on y apporte, *fœnebris pecuniæ vfus vix vnquam eft diuturnus.*Et principalement à la mode de France,où,felon les Extrauagantes *Regimini*, l'on ne peut contraindre le debteur à raquitter la rente , quand il tombe en pauureté,ains il faut auoir cefte patience,de veoir perdre fa rente fans y pouuoir mettre ordre. Comme l'experience n'en eft que trop commune en ce temps.

9 Auffi n'y a-il aucune raifon de diuerfité,pourquoy vn fideiuffeur foit pluftoft tenu de l'infoluabilité future du debteur,que celuy qui a promis *fournir & faire valoir*. Car on peut auffi bien dire que celuy qui s'eft rendu fideiuffeur pur & fimple d'vne rente, n'a promis que la foluabilité du téps prefent feulement, & non celle du temps à venir , & qu'il n'eft raifonnable que les cas fortuits tombent fur luy, bref(que l'on y prenne garde de pres)toutes les raifons que l'on allegue pour defcharger du temps futur celuy qui a promis *fournir & faire valoir*, fe peuuent auffi à propos dire pour le fideiuffeur : & toutesfois on n'a iamais douté en droict, que le fideiuffeur ne foit tenu fi le debteur deuient infoluable apres le contract , ce qui ne feroit fi les raifons de cet auteur eftoient neceffaires & concluantes.Et mefmes la raifon de cefte refolution fi affeuree conuient auffi bien à celuy qui a promis *fournir & faire valoir*, comme au fideiuffeur,à fçauoir, que comme l'on prend le fideiuffeur, pour s'affeurer entierement,& en quelque temps que ce foit au defaut du debteur,auffi c'eft pour cefte mefme caufe,que l'on fait obliger le cedant à *fournir & faire valoir la rente*.Puis donc qu'il n'y a en cela aucune difference entre l'vn & l'autre,que les raifons de doubter & de decider font femblables en l'vn & en l'autre, il faut fans doubte pratiquer mefme decifion en tous les deux.

10 Bref il me femble, que c'eft vne fubtilité toute nouuelle & fans exemple de vouloir limiter ces mots de *fournir & faire valoir*, au temps prefent feulement , encores qu'ils foient indefinis & aptes à s'accōmoder à tous temps. Et mefmes qu'à les prendre en leur plus naïfue & plus

propre signification, ils soient plustost du temps futur. Car côme les infinitifs aux autres langues n'ont ny nombre ny persône (& pour ce sôt appellez infinitifs, & selô aucûs Grâmairiens indefinitifs) aussi en oultre en nostre langue frânçoise ils n'ont point de temps : mais quand l'on veut particulierement discerner leur temps, on l'accômode au verbe qui regit & a apres soy l'infinitif. Or *promettre* est vn verbe qui necessairement denote & signifie vn temps futur. Car nous promettons ce que nous voulons faire à l'aduenir, & non ce que nous faisons presentement, & encores moins ce qui est passé.

11 En voicy vn exemple fort celebre & fort certain : Celuy qui promet prendre vne fille par foy & loy de mariage, contracte indubitablement des accords & fiançailles par paroles de futur, & non pas des espousailles par paroles de present, qui seroit vn vray mariage : car les paroles de present sont *Accipio te in meü.* De mesme donc promettre *fournir & faire valoir,* est promesse de futur, & pourtant importe, que si au temps aduenir le debteur deuiét insoluable, celuy qui a faict telle promesse, est obligé de payer la rente.

12 Et ce qui oste toute difficulté sôt les mots qui ensuyuét ordinairemét par le stil cômû dés Notaires en ceste mesme clause, *fournir & faire valoir tant en sort principal qu'arrerages,* encores d'autres y adioustent, *à l'aduenir, & tant & si longuement que la rente aura cours.* Car sans prendre ces deniers mots, qui sont superflus, & qui seruent seulement pour retrâcher toute difficulté & contéter les plus processifs, quâd ont dit *faire valoir la rente tant en principal que arrerages,* il est clair que ce mot *d'arrerages* ne se peut entendre sinon des arrerages du temps aduenir. Car ceux du temps passé ne sont contenus en la cession, & demeurent indubitablemét au cedant. Tout ainsi doncques que quand la stipulation est conceüe en termes signifiâts vn temps futur, *vt quicquid dare facere opoitet, opertebit ve,* elle contient les choses futures, comme il est decidé en la loy *si à colono. D. de verbor. oblig.* Aussi ceste clause estant notoirement conceüe en termes signifiants vn temps futur, se doit entendre des acci-

dents qui furuiennent à l'aduenir , & pour neant ceſt autheur s'eſt trauaillé à interpreter autrement ces derniers
mots. Car ſon interpretation force la lettre,&eſt tres eſloi-
gnee du ſens & intelligence commune , comme il ſera dict
cy apres.

13 Et de faict celuy des Iuriſconſultes François qui a ſeul
(que ie ſçache) parlé de ceſte clauſe, à ſcauoir le docte du
Moulin, decide en vn mot ceſte difficulté en ſõ traicté des
vſur. *quæſt. 8. num.* 134. *Clauſula, inquit, vulgari, Gallicè* fournir & faire voloir, *promittit debitor hypothecas fore in futurum
idoneas.* Et par apres diſcourant du deperiſſement des hypotheques ſuruenu apres le contract, il dit au nomb.135. que ſi
vne rente eſt aſſignee ſimplement ſur vn heritage, aduenãt
que l'heritage deperiſſe par ſucceſſion de temps, ou ſoit
rendu inutile, ſans ceſte clauſe , le debteur eſt libre en le
quittant & deguerpiſſant: mais que ſi le debteur eſt obligé de *fournir & faire valoir* la rente , il faut qu'il la continuë touſiours nonobſtant la perte de l'heritage, ou quand
il le voudroit deſguerpir.   De meſme , dit-il , ceſte clauſe a vn effect ſingulier à l'endroit du tiers detempteur
de l'heritage hypothequé à vne rente, *qui ex certa ſcientia &*
animo augendo obligationis a promis par vn tiltre nouuel icelle
fournir & faire valoir , à ſçauoir que quoy qu'il n'ait plus
l'heritage , ains l'ait vendu ou autrement tranſporté à
vn autre, ſi eſt-ce qu'il eſt tenu de le faire valoir ſuffiſant pour perceuoir la rente : & s'il ne l'eſt , il eſt tenu
de parfournir la rente de ſon propre bien. Voila ce qu'en
dit du Moulin.

14 Deſquelles deux deciſions ſemblent auoir eſté tirez
les art. cent neuf & cent dix de la couſtume de Paris. Dont
les termes ſont notables.

A R T. 109.

Si aucun a pris heritage à cens ou rente à certain prix par cha-
cun an, il y peut renoncer, iaçoit que par lettres il euſt promis payer
ladite rente & obligé tous ſes biens: & s'entẽd telle promeſſe tãt qu'il
eſt proprietaire, ſinon que par lettres d'acenſement , il euſt promis

mettre aucun amandement, ce qu'il n'euſt faict, ou qu'il euſt promis FOVRNIR ET FAIRE VALOIR *ladiĉte rente, & à ce obbligé tous ſes biens.*

Art. 110.

Celuy qui eſt preneur, mais eſt acquereur du preneur, à la charge de la rente ſeulement, ſans faire mention d'autres charges, comme mettre amendement, FOVRNIR & FAIRE VÁLOIR, *& laiſſer l'heritage en bon eſtat, il peut renoncer, pourueu qu'il n'ait promis expreſſement garantir ſon vendeur & bailleur.*

15 Sans doute ces deux art. vuident noſtre difficulté : car ils decident que le preneur à rente, meſme (ce qui eſt plus eſtrange) l'acquereur du preneur; ſont tenus apres le deperiſſement de l'heritage de continuer la rente ſans pouuoir deguerpir: nõ pour auoir promis payer la rente & à ce obligé tous leurs biés, mais ſeulemẽt s'ils ont promis *fournir & faire valoir la rẽte.* Dõt s'enſuit que celuy qui a promis *fournir & faire valoir,* eſt tenu du deperiſſement de l'heritage ſuruenu apres le contract. Et ce qui eſt plus notable, c'eſt que és cas de ces deux articles, la clauſe de *fournir & faire valoir* a plus de force de charger le preneur du deperiſſement de l'heritage, que n'a la clauſe de *payer ſoy-meſme.* Car le detenteur ayant promis payer ſoy-meſme, peut neantmoins deguerpir, pource que la couſtume interprete & reſtraint ſa promeſſe au temps qu'il demeurera detenteur, & non plus outre, mais celuy qui a promis *fournir & faire valoir,* ne peut deguerpir, ains faut qu'il paye la rente perpetuellement, pour ce qu'il eſt obligé à la fournir, c'eſt à dire ſuppleer de ſon bien, & à la faire valoir, c'eſt à dire faire en ſorte qu'elle ſoit touſiours valable & perceptible. Et meſme par la deciſiõ de du Moulin (qui paſſe encores plus auant que la couſtume) ſi le tiers acquereur qui a promis *fournir & faire valoir,* reuend l'heritage à vn autre, qui puis apres le deguerpiſſe, & ſi par la diſcuſſion d'iceluy, il appert qu'il ſoit inſuffiſant, il eſt tenu ſubſidiairement.

16 Et toutesfois ceux qui de ces deux articles ont voulu inferer, que celuy qui a promis *fournir & faire valoir,* eſt tenu indiſtinĉtement de payer ſoy-meſme ſans diſcuſſion du

debteur

debteur, s'abusent & mesprenent grandement. Car au cas
de ces deux articles, il faut à la verité que le preneur & tiers
detenteur payent eux-mesmes la rente, mais c'est d'autant
qu'ils sont detenteurs de l'heritage qui la doit, & qu'on ne
se peut addresser à autre que à eux. Et d'ailleurs ce qu'ils
ne peuuuent bonnement quitter ceste detention, obstant
la clause de *fournir & faire valoir*, est à cause de la reflexion
d'actions qui tomberoit sur eux, quand apres le deguerpissement, l'heritage seroit discuté & trouué insuffisant pour
fournir la rente. Ils ont donc deux qualitez, l'vne de detenteurs de l'heritage, qui doit la rente, l'autre d'obligez per-
sonnellement à la *fournir & faire valoir*. Que si ils perdent
l'vne de ces deux qualitez, *videlicet* si le tiers detéteur vend
l'heritage à vn autre, ie croy pour certain, qu'auant que
s'addresser à luy il faudra decreter & discuter l'heritage,
apres lequel il est obligé subsidiairement: comme il est decidé en la Nou. 4. de Iustinian. Mais quand les deux qualitez sont ensemble, le rentier est tenu pour le tout sans di-
uision, ny discussion, pour-ce que en France toutes fois &
quantes que l'action personnelle & l'hypothequaire con-
current en vne mesme personne, nous tenons qu'il n'est
besoin de discussion.

17 Aussi pour conclusion ce ne seroit iamais faict, si quád
le debteur se trouue insoluable, ou bien l'heritage insuffisant, il falloit aller subtiliser depuis quel temps il est deuenu insoluable, & faire preuue combien valoit l'heritage,
lors de la cession. Ce qui engendreroit vne infinité de procés, pour lesquels euiter, il est bien plus clair & plus certain
de tenir qu'il suffit, pour auoir recours contre celuy qui a
promis *fournir & faire valoir*, que le debteur soit discuté &
approuué insoluable, sans s'enquerir quád & comment il a
perdu son bien.

18 Mais il y a encores deux autres inconueniens en la
contraire opinion: l'vn, qu'elle confond les trois clauses
ensemble, sans pouuoir assigner à chacune sa particuliere
signification & energie, comme faict la cómune opinion:
Et l'autre, que selon icelle il n'y auroit nulle clause pour

obliger le cedant en tout temps subsidiairement apres le
debteur, & apres discussion sur luy faicte : ce qui neantmoins est bien souuent fort conuenable & quasi necessaire , pour ce que tel se veut bien obliger apres discussion, qui pour rien du monde ne s'obligeroit à payer luy-
mesme.

REFVTATION DES RAISONS
de l'opinion contraire, contenuës au liuret
De fournir & faire valoir.

CHAPITRE VI.

SOMMAIRE.

g ij

 V r la fin de l’annee 1594. vn des plus doctes
personnages de noſtre robbe à preſent decedé,
duquel i’auois l’hôneur d’eſtre fort proche allié,
& que ie reueroy beaucoup tant pour ſon meri-
te que pour le profit que ie faiſoy de ſa conference, fit cou-
rir par le Palais vn aduis imprimé ſans nom, touchât ceſte
clauſe de fournir & faire valoir, par lequel il taſchoit d’e-
ſtablir ceſte opinion, qu’elle ne chargeoit le cedant de l’in-
ſuffiſâce de la rête ſuruenuë apres le trâſport. Ce qu’il fai-
ſoit par deſſein pour ſes affaires domeſtiques, côme il m’a
depuis côfeſſé. Et ſur ce qu’en deuis familiers, ie ſouſtenoy
contre luy l’opinion côtraire, il me pria de mettre mes raiſons par eſcrit, puis les ayant veuës, il deſira que ie les fiſſe
voir en public, côme il auoit fait des ſiénes, afin que par la
conference des deux aduis, il recognuſt l’air du Palais. Ses
prieres m’eſtoient commandemens, car c’eſtoit mon Sce-
uola: & toutesfois, craignât que ſi quelqu’vn deſcouuroit,
que ie fuſſe l’autheur de ce côtraire aduis, il me blaſmaſt
d’auoir entrepris d’eſcrire tout exprez, contre vn perſonnage de tel merite, & vers le public, & particulierement
vers moy, ie m’aduiſay de reprendre le diſcours de plus
loin, & traitter entierement la matiere *De la garantie des
rentes*. Ce que i’ay bien voulu faire entendre au lecteur à
ceſte troiſieſme edition, afin qu’il ne trouue eſtrange, que
ie me ſois arreſté dauantage ſur ceſte queſtion icy que ſur
les autres, notamment à refuter les raiſons de l’aduis contraire, attendu qu’en effect c’eſtoit le vray & premier ſujet
de tout l’œuure.

 R ie dy, que ce qui me confirme le plus en l'opinion cõmune eſt, qu'encores que le perſonnage qui a mis en auant l'opinion contraire ſoit tres-profond en droiĉt, & tres-experimenté en l'vſage de France, & ſur tout de grande & exaĉte recherche, ſi eſt-ce qu'il me ſemble n'auoir apporté aucune raiſon, à laquelle il ne ſoit aiſé de donner quelque reſponſe.

2 Car ce qu'il dit qu'en ceſſion de debte il ſuffit de fournir le contraĉt pour toute garãtie en la loy 1. *Cod. de donat.* (qui pourtant ne parle que de la tradition & liuraiſon, non de la garantie & euiĉtion.) Cela ſe doit entendre, quand il n'y a aucune garantie promiſe par le contraĉt, mais non quand il y a ſtipulation expreſſe de garantie, voire meſme quand il y a clauſe de *Fournir & faire valoir.*

3 De meſme quand il dit, que qui vend vne debte, eſt tenu la garantir eſtre bien & legitimemẽt creée, mais non la fournir bien payable, cela s'entend (comme nous auons diĉt) quand il n'y a point de promeſſe de garantie. Comme il eſt certain que les Romains n'appoſoiẽt pas indifferemment en leurs contraĉts par forme d'vn ſtile commun des Notaires la ſtipulation d'euiĉtion, comme nous faiſons en France. Encores Barthole & quelques autres, ſur la loy *Pupilli. §. Soror. ff. de ſolut.* diſent que meſme ſans ſtipulatiõ de garantie le cedant d'vne debte eſt tenu de l'inſoluabilité du debteur precedente la ceſſion.

4 Et quant à l'argument tiré de la loy, *Inter cauſas. §. Abeſ-ſe. ff. Mandati.* & autres loix qui diſent que *Bonum nomen facit, qui admittit debitorem delegatum,* dont ceſt autheur ſemble faire ſon principal bouclier, il eſt entieremẽt captieux. Car ces loix parlent expreſſement de la delegation, & noſtre queſtion eſt de la ſimple vente ou ceſſion de debte: qui ſont deux eſpeces bien differentes l'vne de l'autre, comme il a eſté diĉt cy deſſus, l'vne traitee au titre *De nouatio. & delegat.* l'autre au titre *De hæred. vel aĉtio. vend.*

5 De fait la loy 3. *C. De nouat.* en ce meſme poinĉt de peril

suruenant à la debte, distingue nommement la vente ou trāsport de debte, d'auec la delegation:& dict qu'en la delegation le cedant n'est tenu d'aucune garantie, pource que le cessionnaire a accepté & pris à homme le debteur qui luy a passé obligation pure & simple, par le mesme contract. Ce qui ne se fait pas au simple transport de debte où la presence du debteur n'est requise. *l.1.C.eod.tit.de nouat.*

6   Ce que le vieil praticien Bouteiller a nettement exprimé en sa somme ruralle. *Le retournement , dit-il, de la debte, qu'vn creancier fait à l'autre quand il baille son debteur au lieu de luy , ne se peut pas deuëment faire, si le debteur , sur qui on veut la debte derrainement attourner & mettre, n'est present, & qu'il ne consente, & promette à payer la debte au creancier, & que le creancier se tienne à l'attourné , & autrement ce ne vaut.* C'est pourquoy on appelle cela en fināce, *vuider parties* , d'autant que par la delegation le debteur demeure absolument quitte enuers le cedant, & le cedant enuers le cessionnaire. Dont s'ensuit qu'il n'y eschet aucune garantie, non pas mesme pour les causes precedentes le contract.

7   Ce qui n'est pas en la simple vente ou transport de debte, sinon quād par expres la debte à esté vendue telle qu'elle estoit, comme en la loy *Si plus.§.vlt.ff.De euictio.* ou bien quand par le contract le cessionnaire a declaré qu'il s'en contentoit, comme en la loy *Pupilli. §.Soror.ff.de solut.* Encor en ce cas Barth. tient que le cedant est tenu du peril precedant le contract, & que ceste loy ne doit estre entendue que du subsequent. A plus forte raison donc si la clause *Bonum nomen esse,* ou bien de *fournir & faire valoir,* sont stipulees, qui sont les clauses contraires à *Nomen quale est vænire, & nomine debitoris contentum esse,* le peril futur doit indubitablement tomber sur le cedant.

8   Encores moins cōclud ce qu'il dict, que les rentes constituees, estāts reputees immeubles, doiuēt estre assignees sur heritages suffisants, de sorte que si cela n'est, on peut demander vne plus ample assignation, mesmes sans qu'il y ait clause de *Fournir & faire valoir.* Mais supposé que ce discours fust veritable, il fortifieroit l'opinion commune, &

feroit entieremēt côtre luy. Car si sans la clause de *Fournir & faire valoir*, *ex vi contractus*, il faut garantir que la rente soit assignee sur vn'fōds soluable & suffisant, il s'ensuit que quand les clauses de *Garantir*, & de *Fournir & faire valoir* seront adioustees, elles aurōt pour le moins ce peu d'effect, de continuer vne semblable precaution & asseurance au temps aduenir, asçauoir que le fonds demeure tousiours soluable & suffisant.

9 Mais malaisement pourroit-il prouuer que la clause de *fournir & faire valoir*, ou en droict la stipulation *Bonum nomen esse, vel idoneum debitorem esse*, implique qu'il faille que la rente soit pluftost constituee sur heritages que sur meubles, & que ces clauses ayent plus d'effect & energie aux rentes qui sont assignees sur speciales hypotheques que en celles qui n'en ont point, ou qui sont assignees sur d'autres rentes, ou sur vn bon marchand, *qui haud magna in re fidei plenus erit, quique non patrimonio sed fide idoneus existimabitur*, comme parle Vlp. *l. si quis stipulatus* 112. *ff. de verb. oblig.* Car ce qu'en nostre coustume les rentes sont dictes non pas simplement immeubles, mais reputees immeubles (*quæ nota est improprietatis*) cela vient d'autāt que l'on ne les peut rachepter, & partant ont vne habilité d'estre perpetuelles: mais pourtant il ne s'ensuit qu'il faille necessairement, que elles soiét assignees sur des immeubles soit par hypotheque generale ou speciale. Autrement ceux qui n'auroient point d'heritages ne pourroient constituer des rentes sur eux, & ceux qui auroient perdu leurs immeubles par cas fortuit, pourroient estre contraints de rachepter les rentes qu'ils deuroient, qui seroit chose inique & insupportable. Aussi du Moulin ne faict nulle difficulté que les rentes ne puissent estre sans hypotheques immobiliaires *in cōs. Par. §.57. num. 4. & in tract. vsu. quæst. 8. numero* 134. Et de faict il y a grande difference entre les rentes foncieres, qui sont specialement assignees sur vn certain fonds, & encores les rentes en assiette, qui sont asignations de terres, & entre nos rentes constituees, que nous appellons courantes & volātes, c'est à dire asignees en l'air, & qui n'ont aucune

aſſignation particuliere par neceſſité.

10　Au contraire il ſemble qu'il y ait plus d'apparence de donner recours contre le cedant, quand la rente, qui eſtoit de ſoy mal aſſignee, comme ſur meubles ou autres rentes, deuient imperceptible, que quand elle eſtoit aſſignee ſur bons heritages. Car on peut dire que celuy qui achepte vne rente qu'il cognoiſt & void par le contract de conſtitution eſtre aſſignee ſur bons heritages, ne ſe ſoucie pas & ne ſonge pas de demander qu'on la luy face bonne à l'aduenir, & ſi *fournir & faire valoir*, n'eſt autre choſe que certifier que alors les hypotheques ſont ſuffiſantes, il ne faudroit point de ceſte clauſe quand il y a de belles terres exprimees au contract, ou bien quãd on acquiert vne rente deuë par vn Prince qui iamais ne deuient inſoluable.

Au contraire celuy qui voit vn contract de cõſtitution de rente où il n'y a nulle hypotheque exprimee, & qui ſçait que le debteur de la rente n'a aucuns immeubles, a plus de ſubiect de s'aſſeurer qu'on la luy face bonne à l'aduenir. Et ſi *fournir & faire valoir* ſignifie ſeulemẽt que la rente eſt aſſignee ſur heritages ſuffiſants, c'eſt ſe moquer de luy, car il ſçait bien le contraire. C'eſt pourquoy il faut que ceſte clauſe ait vne plus vrgente & importante ſignification.

11　Auſſi on voit combien ceſt autheur eſt empeſché à interpreter ceſte clauſe pour la tourner à ſon opinion, & ſur tout combien il a de peine d'accommoder ces mots, *tant en principal qu'arrerages*. Car en premier lieu, quelle apparence y a-il de dire que *fournir* ſignifie liurer la rente ou deliurer le contract de cõſtitution d'icelle? & que *faire valoir, tãt en principal que arrerages*, ſignifie que les hypotheques ſur leſquelles la rente eſt aſſignee, ſont lors du contract tellement ſuffiſantes, que le principal d'icelle eſt aſſeuré pour le temps aduenir, & les arrerages perceptibles? Pourquoy met-il en cõpte les hypotheques dont ceſte clauſe ne faict nulle métion, veu meſmes qu'vne rente peut eſtre ſans hypotheques, comme il a eſté prouué? Ioinct que ceſte clauſe contient non vne obligation d'hypotheque, mais vne promeſſe perſonnelle du cedant à fournir la rente, qui ſans

doute

doute n'eſt pas la liurer ou en bailler le contract de conſtitution , qui n'eſt pas auſſi la faire fournir & payer par le debteur, mais c'eſt la ſuppleer & parfaire ſoy-meſme,c'eſt à dire, la payer au defaut & inſoluabilité du debteur : & auſſi promettre *faire valoir la rente ,tant en principal qu'arrerages*,ce n'eſt pas promettre que la rente eſt perceptible ſeulemēt,*& idoneè cautum eſſe de ſorte ac vſuris*,mais c'eſt faire en ſorte par le cedant,que la rente & les arrerages qui eſcherront d'icelle , ſoient bien payables & perceptibles , qui ſe dict en droict *Præſtare idoneum debitorem fore, tàm pro ſorte quàm pro vſuris*.Car meſmes aucuns adiouſtent *tant & ſi longuement que la rente aura cours*,mais quand il n'y auroit au contract que *fournir & faire valoir*,ie penſe qu'il n'y a homme en France ſi ignorant de ſa propre langue, qui ne ſçache que *faire valoir* ou *faire bonne vne rente*,ſignifie la payer ſoy-meſme,au cas que le debteur d'icelle ne la puiſſe payer.

12 Mais pour entendre clairement que *faire valoir vne rente* ne ſignifie pas que l'heritage ſur lequel elle eſt aſſignee, eſt ſuffiſant lors du contract ſeulement, il faut prendre le cas des deux articles de la couſtume de Paris,quand le preneur à rente d'vn heritage s'oblige de fournir & faire valoir la rente : or il eſt tout certain qu'il ne promet pas que l'heritage qu'on luy baille eſt ſuffiſant alors, pource que c'eſt au bailleur à le luy fournir ſuffiſant, mais il promet que s'il deuient inſuffiſant à l'aduenir , il ne laiſſera de continuer la rente:qui eſt vrayement la fournir & parfaire & la faire bonne,c'eſt à dire la ſuppleer de ſon bien.

13 Et quant à la reſponce qu'il donne à ces deux articles, elle ne me ſatisfaict nullement: afin de ne rien deſguiſer (pource que ces articles ſont la vraye deciſion de ceſte difficulté)ie rapporteray ſes propres mots.*Il y a*, dit-il ,*grande difference entre s'obliger ſoy-meſme à vne rente,& ceder vne rente ſur vn autre. Celuy qui s'oblige à vne rente,la conſtituë ſur ſoy , & pource il promet la faire valoir,nõ ſeulement ſur l'heritage qu'il prēd; mais auſſi ſur ſes autres biēs:mais celuy qui cede vne rēte ſur vn autre, n'entend pas ſe charger ſoy-meſme.*I'eſtime qu'il veut entendre, qu'au cas de ces deux articles, le preneur eſt tenu de con-

tinuer la rente sans pouuoir deguerpir l'heritage, à cause
qu'il s'est constitué luy-mesme debteur de la rente. Mais le
texte des articles y repugne disertement. Car il porte que
le preneur à rente, encores qu'il ait promis la payer sur tous
ses biens, peut toutesfois en renonçant à l'heritage se descharger pour l'aduenir de la rête, pourueu qu'il n'aye promis la *fournir & faire valoir*, mais que s'il l'a promis, il ne peut
par vn deguerpissemêt s'exépter de continuer la rente. Cela prouient donc entierement de l'efficace de ceste clause
fournir & faire valoir, non de ce que *periculũ fundi ad eum tan-*
quam ad emptorem transierit, ny de ce qu'il s'est constitué debteur de la rente, & qu'il a obligé ses autres biens à la conti-
nuation d'icelle.

14 Il est bien vray qu'aucuns tiennent qu'il y a grande difference entre celuy qui s'est côstitué debteur, & celuy qui
a promis *fournir & faire valoir* : pource que celuy qui a promis payer la rête est tenu sans discussion, & l'autre comme
simple fideiusseur, n'est tenu qu'apres discussion du vray debteur. Mais quoy qu'il en soit, tous deux sont egalemens
tenus à porter le peril suruenant aux asseurâces de la rente,
quemadmodũ fideiuffor & conreus debendi, en droict sont tenus
aussi bié l'vn que l'autre de supporter l'insoluabilité sürue-
nante à celuy pour lequel ils se sont obligez, ou aux hypotheques de la debte. Ce que dit fort bié Papin. *Amiffi ruina*
pignoris damnum tam ad fideiuffioru quàm ad rei promittendi pericu-
lum fpectat. l.amiffi.ff.de fidetuff. Mesmes on voit en ces deux
articles que celuy qui a promis *fournir & faire valoir* la rente, est plus estroictement tenu du deperiffement de l'heritage, que celuy qui a promis payer la rente, pour ce que ce
dernier peut deguerpir, & l'autre ne le peut, ains faut qu'il
continuë la rente sans remiffion.

15 Cest autheur touche par apres vne fort belle question,
sçauoir si le preneur à rente en deguerpissant l'heritage est
tenu indistinctement de le laisser en aussi bon estat & valeur qu'il estoit lors de la prise. Question qui est à present
fort de saison, à cause des maisons abbatuës & ruinees pendant la guerre, qui pour sa nouueauté, importance, &

difficulté, merite bien vn traicté à part. C'eſt pourquoy
quant à preſentie la paſſeray ſous ſilence, & exciterois volontiers quelque bel eſprit de traicter exactement, ſur ceſte digne occurrence, la matiere des deguerpiſſements, qui
eſt le vray ſubiect de ces deux articles, & qui eſt poſſible
vne des plus belles & plus difficiles matieres du droict
François.

15 Doncques paſſant outre, c'eſt vne raiſon trop eſloi-
gnee de dire que les rentes ſont de plus grand reuenu que
les heritages, qu'elles ne gelét point, ne ſont ſubiectes aux
inondations ny aux genſdarmes, aux reparations ny entre-
tenemens, partant qu'il ne les faut pas fauoriſer & aduan-
tager par deſſus les heritages, iuſques à obliger eternellement, *& in infinitum* les garands d'icelles. Ie diray au contraire que le hazard y eſt plus grãd, & que celuy qui a des rétes n'en peut pas retirer ſon argent, & les vendre ſi aiſemét,
que des heritages: auſſi que la rente n'augmenté iamais en
bonté & valeur interne, cõme les heritages augmétent na-
turellement de ſiecle en ſiecle. En fin ſi celuy qui a cedé ſa
rente ſennuye d'en eſtre touſiours garant, & qu'il trouue
qu'vne rente ſoit de ſi grand profit, il peut pratiquer la re-
cepte de Scipion, qui ſe faſchant de ce qu'en vn cõtract on
luy demandoit des aſſeurances trop rudes & difficiles, feit
amener en plein marché vne aſneſſe chargee d'argét, & diſt
que c'eſtoit ſa cautiõ, dont par apres il fut ſurnõmé *Aſina*,
comme dit Macrobe. Auſſi celuy qui ſe faſchera d'eſtre
touſiours garant d'vne rente, ſe peut exempter de ceſte dure obligation, en raquittãt la rente entre les mains du ceſſionnaire, & la prenant pour ſoy-meſme. Ce que le ceſſiõnaire eſt tenu de permettre, ſi mieux il n'aime deſcharger
le cedant de la garantie, comme du Moulin a prouué au
traicté des vſu. *& de diuid. & indiuid.*

17 Auſſi touchant la comparaiſon de l'heritage qu'on promet faire valoir certaine ſomme de reuenu par an, & ce
qu'il dit n'eſtre raiſonnable, que le vendeur de la rente demeure chargé des cas fortuits & ſuruenans apres le cõtract
& in infinitum, qui ſont à mon aduis les plus fortes raiſons

de son liure : presupposee la maxime vulgaire, que *verba pro rationerei subiectæ intelligenda sunt*, il faut considerer, qu'il y a bien de la difference entre φανερὸν οὐσίαν , καί τι ἀφανὲς. C'est à dire, entre l'heritage duquel on iouyt , & que l'on cultiue comme l'on veut, & vne rente volante qui consiste en vne peau de parchemin , & que l'on perçoit par les mains d'autruy, comme il a esté dit. Sur tout qu'il y a tres grande difference entre les cas fortuits, qui suruiennent en lachose mesme, & ceux qui escheent aux asseurances & hypotheques d'vne rente.

18 Car il est sans doubte, que comme le peril de la chose regarde l'achepteur apres la vente parfaicte, aussi les accidents qui suruiénent sur la rente mesme, sont au dommage du cessiōnaire : cōme pour exēple quād par l'edict nagueres faict, on a rabatu le tiers des arrerages deubs des rentes, ou s'il aduenoit qu'on moderast les rentes au denier quinze ou seize : bref s'il y suruenoit quelque semblable mutation , il est certain que tels dommages tomberoient sur les achepteurs des rentes, & qu'ils n'en auroient nul recours contre les cedants, non pas mesmes en la vertu de la clause de payer soy mesme. Car la raison ne permet pas qu'vn soit seigneur de la chose, & qu'vn autre en supporte le hazard, sinon que par expres il s'y fust submis *in traditione rei* : encores faudroit il exprimer particulierement tous les cas fortuits, comme l'on traicte sur la loy, *sed & si quis.§.quæsitum.ff. si quis cautio.* autrement la submission generale aux cas fortuits ne pourroit estre entenduë des accidens inopinez & inaccoustumez. *l.fistulas.§.vlt.ff.de contr.empt.* Mais aussi si la submission est expresse & particuliere, elle doibt auoir son effect, mesme à l'egard des cas fortuits qui suruiennent apres le contract en la chose mesme. Ce qui est decidé par la *l.3.C.de ædilit.act. Si venditor non vitiosum etiam in posterum fore seruum promiserit , quamuis hoc impossibile videatur, tamen secundum fidem pacti experiri posse non ambigitur.*

19 Mais quand les cas fortuits tombent non pas directement sur la rente venduë , ains sur les asseurances d'icelle, comme sur les debteurs, cautions ou hypotheques, il n'y a

point d'inconuenient que le garant en soit tenu, s'il s'y est
submis, voire sans expression speciale & particuliere, comme l'on voit que le preneur à rente d'vne maison est tenu
des cas fortuits suruenant sur icelle, s'il a promis *fournir &*
faire valoir la rente. De mesme que le plege de garantie &
tout autre est indubitablement tenu des cas fortuits surue-
nans aux biens du debteur. Aussi chacun est d'accord,
que par la clause de payer soymesme, on se charge du
peril futur. Ioint qu'on ne doute point, que celuy
qui achepte vne rente ja constituee par forme de cession,
ne puisse aussi facilement acquerir & constituer vne rente
sur le cedant par forme de pure constitution , & se faire
hypothequer specialement toutes les rentes à luy apparte-
nätes, mesmes se les faire bailler en assignat, & se faire mettre és mains les contracts d'icelles, qui est bien vne plus ru-
de obligation que de *fournir & faire valoir* vne rente cedee.
Qui est pour satisfaire aussi à la raison qui a esté adioustee
sur la fin de la derniere edition de ce traicté. Et en cela ne
fait nullement à propos ce qui est dit de l'&c. des Notaires.
Car il y a bien difference entre vn &c. & vne clause cou-
chee & estenduë tout du long.

20 Et quant au tuteur, qui mariant sa pupille, promet faire valoir son bien certaine somme de reuenu par an, outre
que ceste question est fort doubteuse, dont partant on ne
peut tirer aucune conclusion certaine , encores se peut-il
dire, que quand apres le contract, on liure au mary des heritages ou des rentes pour la somme promise , & qu'il s'en
tient pour content, il n'a plus aucun recours contre le tuteur, qui a effectué sa promesse: mais ie ne doute point que
si vn tuteur bailloit en mariage à sa pupille vne rente, laquelle il promist en son propre & priué nom, *fournir & faire*
valoir, qu'il ne fust tenu si ceste rente deuenoit imperceptible, pource qu'il n'y a au contract que ce qu'on y met.

21 Et quant à ce qu'il adiouste n'estre inconuenient qu'il
y ait des clauses superflues aux contracts , cela est vray
quand ce que signifient ces clauses est desia exprimé aupa-
rauät, ou bië qu'il est soubs-entëdu par la nature du cötract.

Mais il n'y a nulle apparence de dire, qu'vne clause soit su-
perflue qui peut induire vne nouuelle & particuliere obli-
gation:au conttaire il est certain qu'on ne presume iamais
que les mots soient sans effect, & principalemēt les clauses
solennelles des cōtracts, qui est la maxime de la loy, *si quādo.
de leg.* 1. laquelle est fort à propos de ce discours.

22 Pour le surplus des raisons de ce traité, ou bien il y a e-
sté satisfaict cy dessus; ou bien elles seruent pour refuter
l'opinion de ceux qui tiennent, qu'en ceste clause il ne faut
point de discussion. Partant on voit que toutes les raisons y
contenuës, quoy que subtiles & profondes, ne sont neantmoins si fortes, que ils ne s'y puisse donner quelque responce, & ne doute point, que ceux qui ont plus de sçauoir
& experience que moy, n'en donnassent encores de meil-
leures.

23 Et toutesfois puis qu'il est question de conuaincre &
oppugner vne opiniō toute cōmune & vne maxime toute
resoluë au Palais, il me semble qu'il faut estre garny d'ar-
guments inuincibles, & raisons du tout peremptoires : *In
rebus nouis constituendis euidens ratio proponi debet, vt recedatur
ab eo iure quod diu æquum visum est : nec temerè mutanda sunt,
quæ certam semper interpretationem habuerunt.* Car les
procés qui ont esté meus iusques icy touchant ceste
matiere, estoient sur ce que l'on vouloit contraindre le cedant à payer la rente auant que le debteur fust discuté, cōme on a tousiours pratiqué au Chastelet, quoy que trop ri-
goureusemēt à mon aduis, & ce suyuāt la premiere opinion
cy dessus referee. Mais on n'auoit iamais douté, que par
ceste clause le cedant ne fust tenu apres discussion.

24 Et combien que ceste nouuelle ouuerture semble à
plusieurs assez plausible, si est-elle fort dāgereuse en ceste
saison, où on trouue assez d'autres inuentions pour s'exempter de payer les debtes, au grand des-honneur des François, la foy desquels anciennemēt admiree par les estran-
gers, seroit en danger de diminuer aussi bien que les rentes
& debtes, si la Cour de Parlemēt protectrice d'icelle, n'y te-
noit la main. Et ne s'en faut esbahir, pour ce qu'en toutes

Republiques, apres les guerres ciuiles la foy des contracts a
esté esbranlee, selon que ceux qui ont eu interest à la de-
duction des debtes, ont eu plus ou moins de puissance &
d'auctorité. Ie me resouls donc de demander en l'opinion
commune & ancienne, qui est que celuy qui a promis fournir & faire valoir vne rente , est tenu de l'insuffisance suruenuë au debteur dicelle apres le transport, iusques à ce
qu'on m'ait mieux fait entendre les raisons contraires , ou
qu'il ait pleu à la Cour de Parlement de decider ceste question par vn arrest solennel.

DE L'EFFECT DE CESTE CLAVSE,
& si elle induit la resolution du contract.

CHAPITRE VII.

SOMMAIRE.

1. *Question de ce chapitre.*
2. *Que ceste question est de grande importance.*
3. *Qu'il semble que ceste clause induit precise obligation
     de payer.*
4. *Qu'elle induit la resolution du contract.*
5. *Que ceste clause induit vne realité, & est differente de
     celle de payer soy-mesme.*
6. *Effect de l'action redhibitoire.*
7. *& 8. Autres raisons.*
9. *Que ceste resolution peut estre demandee apres vn ar-
     rest diffinitif.*
10. *Quand ceste resolution a lieu.*
11. *Si elle a lieu en partage.*
12. *Comment ceste resolution doit estre reiglee,*

13 *Qu'on compense les arrerages de la rente auec les
interests du prix.*

14 *Qu'on ne paye les arrerages que du iour de la de-
mande, ny les meliorations de l'heritage contre-ef-
changé que iufques à la concurrence des arrerages
de la rente.*

15 *Qu'il n'est neceffaire de reparer la maifon contre-ef-
changee, &r ceste refolution.*

OICY à mon aduis la plus profon-
de & difficile queftion de ce liure,
qui côcerne l'effect & execution de
cefte ftipulation de *fournir &r faire
valoir*, fçauoir fi icelle eftant commi-
fe, c'eft à dire le debteur de la rente
ayant efté difcuté, le cedant eft tenu
precifémét en vertu de cefte ftipulatiô, fournir & payer luy-
mefme la rente, ou bien fi on doit laiffer à fon choix la refolution du contract contenant le tranfport d'icelle.

2 Ce qui peut eftre de grande importance, car il peut aduenir qu'vne rente de mil efcus y aura efté véduë pour dix
mil efcus, ce qui eft licite & fans vfure: comme prouue du
Moulin en fon traicté des vfures, queftion foixante deux: &
lors fans doute, il fera plus vtile au cedant de rendre les dix
mil efcus, que de payer luy-mefme les mil efcus de rente.
Auffi en l'efchange d'vn heritage de cinq cents liures de
reuenu, contre mil liures de rente, il fera plus vtile de rendre l'heritage contr'efchangé, que de payer & continuer
la rente: mefme il peut aduenir, que comme la rente eft
deuenuë imperceptible, auffi vne maifon, qui aura efté bail-
lee en contreefchange d'icelle, aura efté bruflee.

3 Neantmoins il femble de prime face, qu'il n'y ait guçres
de difficulté en cefte queftion, attendu ce qui a efté dit cydeuant, que *fournir &r faire valoir*, fignifie prendre fur foy,

que la

que la rente eſt exigible, & que la clauſe de fournir & faire valoir reuient à celle du droiǎ Romain *Præſtare quanto mi-nus à reo exigi poſſit*. Auſſi que toutes ſortes de fideiuſſeurs ſubſidiaires recognus au droiǎ, voire meſme les ſimples certificateurs, qui ne ſont que fideiuſſeurs des fideiuſſeurs, appellez pour ceſte cauſe *ſubuades*, ſont tenus de payer eux-meſmes la debte apres diſcuſſion des fideiuſſeurs.

4 Ceſte raiſon eſt certes fort pertinéte, & poſſible du tout vraye à la rigueur du droiǎ: mais l'equité nous a ouuertvne côſideration côtraire, qu'autre choſe eſt promettre de *four-nir & faire valoir* vne rente, autre choſe la conſtituer ſur ſoy-meſme & promettre la payer ſoy-meſme en defaut de payement du debteur d'icelle, qui eſt la troiſieſme clauſe de la garantie des rentes, qui par raiſon doit operer quel-que choſe de plus que *fournir & faire valoir*, n'ayant eſté en vain receuë en vſage.

5 Nous diſons dôc en pratique, que la clauſe de payer ſoy-meſme induit vne perſonnalité, ou obligation perſonnelle qui nous rend vrais debteurs de la rente, en cas que celuy qui l'a conſtituee ne la puiſſe payer: mais que la clauſe de *fournir & faire valoir*, n'eſt qu'vne realité, c'eſt à dire vne aſ-ſeurance plus preciſe de la garantie de faiǎ, de la rente: la-quelle *ex paǎo formante aǎionem*, produit l'aǎion redhibi-toire. Ainſi voyons nous qu'en la Nou.4.le vray fideiuſſeur qui eſt tenu payer ſoy-meſme en defaut du debteur, eſt di-ſtingué appertement du βεϐαιώτης ou fideiuſſeur de l'eui-ǎiô, qui eſt côme celuy qui eſt tenu fournir & faire valoir.

6 Or il ſe faut reſſouuenir de ce qui a eſté cy deuant, que l'aǎion redhibitoire a ceſt effeǎ de reſoudre entierement le côtraǎ, *ac ſi nunquam interceſſiſſet*, dit la loy *faǎa. De Ædi-lit. ediǎ.* comme au ſemblable il eſt dit *de eo, qui ſeruum non fore in poſterum fugitiuum promiſit l.3. C. de Ædil. aǎion.* qui eſt la difference, que nous auons remarquee entre l'euiǎion & la redhibition, qu'en la redhibition le contraǎ eſt reſo-lu deſlors comme dés à preſent, & conſequemment le ven-deur reprend ſa choſe en l'eſtat qu'elle eſt, & l'acheteur re-couure ſon argent ſans autres dommages & intereſts, *niſi*

i

vt indemnis seruetur : mais en l'euiction il eschet indistincte-ment des dommages & interests, mesme il faut payer la plus valluë de la chose au temps de l'euiction, comme le contract demeurant valable.

7 Aussi celuy qui promet fournir & faire valoir la rente, promet seulement *præstare bonum nomen, seu præstare vitium nominis*, & ne promet pas le payer soymesme : de maniere qu'en quelque façõ que l'acheteur soit par luy indemnisé, soit en luy payant la rente, soit en luy rendant son argent, il luy doit suffire, & n'est raisonnable qu'il tire profit d'vne mauuaise marchandise. Mais encor en la vente il y a vne rencontre particuliere. Car si le vendeur estoit tenu preci-sement de faire vne rente de mil escus, pour dix mil escus qu'il auroit touchez, il y auroit de l'vsure.

8 Ores que ceste rencontre ne soit en l'eschange, si est-ce qu'il s'y garde notoirement la mesme decision. Et de faict toutesfois-&-quantes qu'on a iugé, qu'en eschanges des rentes sur le Roy, le cessionnaire auoit recours contre le ce-dant, en vertu de la clause de *fournir & faire valoir*, la Cour par ses arrests, a tousiours laissé au choix du cedant, ou de payer la rente, ou de rendre la chose contr'eschangee, qui est le vray effect de ceste clause : ainsi que la garantie de fait produit ou l'action redhibitoire, ou l'estimatoire, qui est l'action *Quanti minoris*, & comme en la rescision pour le-sion d'outre moitié, on laisse au choix de l'acheteur, ou de suppleer le iuste prix, ou de rendre la chose.

9 Voire mesme au cas que nous traictõs on tient en prati-que ceste resolution si fauorable, qu'encor qu'elle n'ait esté ny demandee ny adiugee par l'arrest definitif, ains que precisement le cedant ait esté condamné à continuer la rente à l'aduenir, elle peut neantmoins estre demandee & opposee en execution d'arrest, *quia non impugnat, sed tantùm temperat iudicatum.*

10 Toutesfois n'estant à bien l'entendre introduite que par vne equité, faut noter que si le contract est tel, qu'il ne puisse estre resolu sans grande incommodité, elle n'a point de lieu, ains faut precisement continuer la rente comme

en vn contract de mariage accomply:pareillement en toute donation si le donateur s'est obligé à fournir & faire valoir la rente,il la doit parfaire sur son bien apres discussion,
pource qu'autrement ceste clause seroit inutile & destrui-
roit le contract par mesme raison au bail à rente, tant s'en
faut que ceste clause induise la resolution, qu'au contraire
elle empesche le deguerpissement , comme il se veoit és
deux art. cy deuant alleguez de la coust. de Paris.

11 Mesme en vn contract de partage, i'estime qu'elle n'en
doit induire la resolution, par vne contraire raison d'equité , sçauoir est à cause de la grande incommodité, qui sur-
uient volontiers des cassations de partages : toutesfois ie
ne voudroy pleuuir ceste opinion, pource que ce qui gist
en consideration d'equité,est ordinairement tenu pour ar-
bitraire en France : mais és contracts de vente & d'eschange,la resolution est tousiours laissee en l'opinion de celuy
qui a promis *fournir & faire valoir.*

12 Or ceste resolution doit estre reglee presque en tous,
comme celle qui prouient de la lesion d'outre moitié : &
encor ne doit elle estre si aduátageuse , pource qu'en la le-
sion d'outre moitié , la resolution est principalement en la
condamnation , & le supplement du iuste prix n'est qu'en
la faculté : & au contraire en la sentence, qui se donne sur
ceste clause , le parfournissement & payement de la rente est en la condamnation , & la resolution du contract en
la faculté du condamné : ce qui est tout au rebours du
droict qui laissoit ce semble l'option au demandeur, d'intenter ou la redhibitoire , ou l'estimatoire : mais en France , on laisse plus à propos ceste option au defendeur, tant
pource qu'en ceste perte il est plus fauorable , que pour ce
que *in alternatiuis electio est debitoris.*

13 Quand donc il choisit la resolution ou redhibition, c'est
tout ainsi comme si le contract n'auoit point esté fait, *facta
redhibitione omnia in integrum restituuntur perinde ac si emptio
non intercessisset,*dit ceste loy *facta:*de sorte qu'à la rigueur &
selon le droict Romain il faudroit rendre les fruicts. *l.illud
D.eod.tit.de Ædil.ed.* mais en France on les compense tous-

jours auec les interests du prix, ou auec ceux de la chose contr'eschágee, pour euiter la difficulté de la liquidation, principalement en telles resolutions, qui aduiennent long temps après le contract.

14 C'est pourquoy on tient à present fort à propos, qu'en ce cas, les arrerages de la rente ne sont payez que du iour de la demáde, bien que cydeuant on iugeast le contraire: comme aussi pour le regard des meliorations de l'heritage contr'eschangé, on ne les adiuge gueres, sinon iusques à la concurrence des arrerages respectiuement adiugez, pour-ce que ceste resolution n'est octroyee que par vne equité particuliere, & comme de grace.

15 Comme aussi quant à la deterioration de l'heritage contr'eschangé, si elle est aduenuë ou par la nature de la chose, ou par cas fortuit, celuy qui rend l'heritage côtr'eschágé, pour euiter de payer la réte n'est tenu de les reparer: car c'est vne des regles de la redhibitoire, qu'il suffit de rendre la chose telle qu'elle eust esté, si la véte n'eust point esté faite. *l. Ædil. 25. §. Pædius. D. eod. tit.* Dont s'ensuit vne consequéce fort notable, que celuy qui a baillé en contr'escháge vne rente sur la ville de Paris, contre vne maison du fauxbourg, qui a esté abbatuë pendant la guerre, s'il est conuenu en vertu de ceste clause, peut se descharger en rendant la place en l'estat qu'elle est à present. Autrement il arriueroit vne grande absurdité, que l'vn des compermutans, en vn contract si reciproque, qui possible aura stipulé pour la maison la mesme clause de *fournir & faire valoir*, perdroit tout ensemble & la maison & la rente: & l'autre au contraire ne perdroit rien, encor que le sien & l'autruy fust perdu. Tous lesquels poincts ie ne m'amuseray à verifier, pource que M. Baquet les a amplement prouuez en son liure des transports des rentes.

DE LA PROMESSE DE PAYER SOY
mesme, si elle induit discussion & de son effect.

CHAPITRE VIII.

SOMMAIRE.

R E S T E la troisiesme clause de la garãtie des rétes, qui est la promesse que
fait le cedant de payer soymesme la
rente : en laquelle il y a encor plus de
difficulté à mon aduis qu'és deux
autres ja expliquees.

2 Premieremét on demãde si elle re-
quiert discussiõ : & de prime face il semble que non, pource
que les termes d'icelle sonnent expressemét, que le cedant
se cõstituë luy mesme debteur & payeur de la rente : or est-
il que le priuilege d'ordrë ou discussiõ n'est attribué, qu'au
fideiusseur, & non pas au vray & principal debteur.

3 Et sur tout celuy qui vend la rente, ne peut estre reputé
pour fideiusseur du debteur d'icelle, pource que c'est à son
propre profit, & pour toucher le prix de la vête, qu'il se con-
stituë debteur de la rente, & non par le mãdement ou pour
faire plaisir à celuy qui l'a constituee, qui n'auoir que faire
que ceste vente & promesse se fist. Donc combien que tout
vray fideiusseur ait l'action *mandati*, contre le principal debteur, cestuy-cy ne la peut auoir, pource que ny expressément ny tacitemét le debteur ne luy a donné charge d'entrer pour luy en ceste obligation. Si donc on le veut quali-
fier fideiusseur, ce sera vn fideiusseur *in rem suam*, qui n'est
pas vray fideiusseur : tout ainsi que le procureur *in rem suam*,

n'eſt pas vray procureur, ains en effect c'eſt le vray acteur &
pourchaſſeur d'vne affaire ſoubs le nom d'autruy, comme
Balde a noté ſur la loy 1. *C. de oblig. & act.*

4 Comme donc on dit en droict que *mulier non videtur in-*
tercedere, nec iuuatur Velleiano quando in commodum ſuum interce-
dit. l. 2. C. Ad vellei. l. ſi mulier. l. bona fide. §. vlt D. eod. tit. Auſſi
le cedant *non videtur intercedere, nec iuuatur exceptione*
ordinis quando in commodum ſuum intercedit, & negotium ſuum
agit.

5 Et de fait les mots qu'on adiouſte d'ordinaire à ceſte
clauſe par le ſtyl commun des Notaires *payer ſoy-meſme* apres
vn ſimple commandement & refus, excluent ſans doute la
diſcuſſion entiere & parfaicte. Que ſi quelquesfois ils
ſe trouuent obmis, ſi eſt-ce que la loy dit, que *ea quæ ſunt*
moris & conſuetudinis ineſſe videntur in bonæ fidei iudiciis. l. quod
ſi nolit. §. quia aſſidua. D. de Aedil. edict. parlant notamment
des clauſes de la garantie de faict.

6 Auſſi de verité c'eſt la foy du vendeur que l'achepteur
faict en contractant auec luy, & luy baillant ſon argent à
ceſte condition de *payer luy-meſme,* pourquoy donc ne pour-
ra-il agir directement contre luy? veu que ſi l'ancien debteur de la rente eſt inſoluable, c'eſt touſiours à luy à payer,
& s'il eſt ſoluable, il aura bon recours contre luy, auquel
c'eſt luy qui a baillé ſon argent, & qui l'a choiſy pour ſon
debteur.

7 Et puis que les Iuges du Chaſtelet de Paris, qui voyent
plus ſouuent telles difficultez que nuls autres de France,
tenoient de tout temps pour conſtant & reſolu que la ſimple clauſe de *fournir & faire valoir,* excluoit la diſcuſſion : a
plus forte raiſon ſemble-il n'y auoir difficulté, que celle de
payer ſoy-meſme l'excluë, qui autrement ne ſeruiroit de rien,
& ſeroit du tout ſuperfluë, ainſi qu'il ſemble.

8 Voila de fortes raiſons, à cauſe deſquelles és deux premieres impreſſions de ce liure, i'auois tenu ceſte opinion,
n'oſant contredire à l'vſage & obſeruãce, que ie pẽſois eſtre
commune : ne laiſſant toutesfois de dire qu'il y auoit bien
de la difficulté, & encores n'oſay-je reſoudre apertement

cefte opinion, lors que la claufe *de payer foy-mefme* eſtoit
fansceſte queuë & addition, apres vn fimple cõmandemẽt,
ou apres telles diligences faiċtes & tel temps expiré, auquel
cas ie tiens encore que telle addition exclud la difcuffion
entiere: mais feu Monfieur Bacquet, qui pourtant a em-
porté ceſte reputation, i'ofe dire pardeſſus tous ceux
qui ont efcrit de fon temps, de ne s'eſtre gueres trompé
en fes refolutions, a tenu formellement & indiſtinċte-
ment en fon liure *Du tranfport des rentes*, qui fut imprimé demy an apres la premiere edition de ceſtuy-
cy, que la claufe *de payer foy-mefme* excluòit la difcuffion.

9 Ce qui m'a deffillé les yeux, eſt ce notable arreſt prononcé en robbes rouges, par ce parangon de fcience & in-
tegrité, monfieur le Prefident Seguier, le Mardy 9. Auril,
1602. entre Georges Richaut & cõforts, heritiers de Charles Godefroy, appellans du Preuoſt de Paris, & Claude
& Ieanne Guillon & Pierre Godefroy, intimez & deman-
deurs au procés principal, par lequel il a eſté iugé expref-
fément que la claufe de *payer foy-mefme la rente cedee en defaut
de payement faiċt par le debteur d'icelle*, requeroit difcuffion, de
forte qu'apres vne decifion fi folemnelle, il n'en faut plus
faire de doute.

10 Et de verité, cõme ainfi foit qu'il faut prẽdre garde exa-
ċtemẽt à la forme des cõtraċts, pour iuger des effeċts d'iceux,
il y a grande difference entre vendre & conſtituer fur foy
direċtement vne rente, & vendre vne rente ja cõſtituee fur
autruy, & neantmoins pour plus grande affeurance de l'a-
cheteur, promettre la *payer foy-mefme*. Car au premier cas la
rente eſt conſtituee, affife & affignee fur la perfonne du cõ-
ſtituant, & fur tous & chacuns fes biens. Au fecond cas elle
ne peut eſtre diċte conſtituee direċtement fur luy ny fur fes
biens: puis qu'auparauant ceſtevẽte ou trãfporr elle eſtoit,
ja conſtituee fur le debteur d'icelle, qui en demeure toufiours le vray debteur, & fur lequel elle demeure vrayment
affignee, & de faiċt s'il faut iuger l'affiette & fituation
de telle rẽte (comme fouuent il eſt befoin à caufe de la
diuerfité

diuerſité des couſtumes, dont les vnes reputent les rentes conſtituèes pour meubles , & les autres pour immeubles) on la iuge infalliblement par le domicile de celuy qui l'a conſtituee, ou bien par la ſituation de ſes heritages , ſur leſquels elle eſt aſſignee.

11 Et encores que le cedant ait promis *la payer ſoy-meſme,*
ſi n'eſt-ce à bien entendre qu'vne fideiuſſion ou obligation
ſubſidiaire, comme il a eſté dit au cha. 4. de ces ſtipulatiõs:
Titium daturum , dandum curari , & autres ſemblables qui ne
ſont que ſubſidiaires , ſuppoſé qu'il y ait deſia vn principal
obligé *cui accedere poſſint,* car autrement elles ſont principa-
les. Telle eſt auſſi par idemtité de raiſon ceſte ſtipulation,
Si Titius non ſoluerit, dare ſpondes? qui reuient proprement à
noſtre clauſe de *Payer ſoy-meſme:* & combien qu'il ſemble
qu'en la loy *fideiuſſor obligari. §.vlt.ff. De fideiuſ.* ceſte ſtipulatiõ ne requiert point de diſcuſſió, ſi eſt-ce qu'il faut prendre garde que par le droiđ des digeſtes le fideiuſſeur ordinaire n'auoit auſſi le benefice de diſcuſſion.

12 Et ne faut point dire que le cedãt qui a promis *payer ſoy-*
meſme n'eſt pas vray fideiuſſeur, tant par ce qu'il ſe conſtitue payeur, que pour ce qu'il interuient apres l'obligation.
Car en effeđ tout fideiuſſeur ſe cõſtitue payeur de la debte: mais qui plus eſt nous tenons en France l'opinion d'Ac-
curſe ſur la Nou. 4. que celuy qui ſe conſtitue debteur d'v-
ne debte ja cõtrađee par vn autre, en ſorte qu'il n'y a point
de nouation de la premiere obligation , qui eſt propremẽt
appellé en droiđ *adpromiſſor* ; eſt reputé pour vray fideiuſſeur, principalemen à l'egard du creancier, & doit iouïr du
benefice de diſcuſſion. Ce que du Moulin prouue fort bien
au traiđé des vſures queſt. 7.

13 Ne ſert auſſi de dire que *fideiuſſor in rem ſuam, non eſt*
veré fideiuſſor, ſicuti procurator in rem ſuam non eſt veré procura-
tor. Car c'eſt la verité que le fideiuſſeur *in rem ſuam,* a deux
reſpeđs & deux faces, l'vne de fideiuſſeur . l'autre du debteur: c'eſt pourquoy les anciens praticiés l'appelloient ple-
ge-debteur, pource qu'à bien entendre il eſt plege & debteur tout enſemble , & ce par diuers reſpeđs . Car au re-

ſpeƈt du principal debteur, il n'eſt pas ſon fideiuſſeur, pource qu'il ne luy a point donné de charge de s'obliger pour
luy, & partant les aƈtions, qu'a le fideiuſſeur contre le principal debteur, ne luy appartiennent point. Mais au re-
ſpeƈt de celuy vers lequel il s'eſt obligé, il eſt fideiuſſeur,
c'eſt à dire ſubſidiairement obligé, & non pas vray & direƈt
debteur : & partant les exceptions qui competent au fideiuſſeur côtre le creancier, luy appartiennent, comme celle de diſcuſſion.

14   Tout de meſme que le procureur *in rem ſuam*, à l'eſgard
de celuy, le nom duquel il emprunte, eſt vray aƈteur &
pourchaſſeur de l'affaire pour ſon profit particulier, & partant ſ'il ſuccombe és deſpens, celuy au nom duquel il a oc-
cupé en a recours contre luy. Mais à l'eſgard de celuy, contre lequel il plaide, il n'eſt que procureur, & de fait la condamnation n'eſt conceuë ſous ſon nom, ains de celuy, au
nom duquel l'aƈtion eſt intentee.

15   Et quant aux loix, qui diſent, que la femme n'a l'exception du velleïan, quand elle intercede pour ſes propres
affaires, elles preſuppoſent toutes notamment, qu'elle demeure ſeule obligee *nouatione faƈta*, & que celuy, pour lequel elle fait telle interceſſion, ſoit deſobligé. Et en tout
cas, il eſt certain que le velleïan ne prohiboit les interceſ-
ſions des femmes, ſinon entant qu'elles en pouuoient receuoir dommage. Or eſt-il, que quand vne femme intercede pour faire ſes propres affaires, elle n'intercede pas,
ains faiƈt ſes affaires, & partant ceſſant en ceſte eſpece la
cauſe du velleïan, ſon effeƈt doit auſſi ceſſer.

16   De dire auſſi que l'acheteur de la rente a ſuiuy la foy
du vendeur, cela eſt vray pour la garantie d'icelle : or la
garantie n'eſchet s'il n'y a du trouble ou empeſchement.
Mais il n'a pas ſuiuy ſa foy, pour acheter direƈtement vne
rente ſur luy, ains à ce regard il a pluſtoſt ſuiuy la foy de celuy qui la deuoit. Et reciproquement le vendeur n'a pas
entendu payer annuellement la rente, ains ſeulement
la bien aſſeurer, au cas que celuy, qui la doit, ne la peuſt
payer.

17 Concluons donc, que proprement & regulierement
celuy, qui a promis payer foy-mefme la rente cedee, n'en
eft tenu que fubfidiairement, & apres le vray debteur d'i-
celle difcuté: & toutesfois pour-ce que cefte claufe peut e-
ftre conceuë en plufieurs façons, & en diuers termes, il les
faut particularifer.

18 Car quelquesfois le cedant s'oblige à payer foy-mefme
fans autre addition, quelquesfois fous cefte addition, *en
defaut de payement faict par le debteur*, addition qui à mon
aduis n'y fert de rien, pource que cela eft toufiours fous-
entédu, que le cedât ne s'oblige finon fubfidiairemét, & en
defaut du vray debteur, comme il vient d'eftre dit: *atque
exprefsio eorū quæ tacitè infunt, nihil operatur*. Opiniõ qui n'eft
toutesfois fans difficulté, à caufe de ce §.dernier de la loy,
fideiuffor obligari. De fideiuff. & que l'arreft cy deffus recité
eftoit au cas de cefte addition, & non pas de la promeffe de
payer fimplement & fans queuë.

19   Quoy que ce foit, c'eft le plus feur, quand l'acheteur
veut que fon vendeur foit obligé à payer la rente fous difcuffion, de faire exprimer difertemét au cõtract ces mots,
fans que ledit acheteur foit tenu faire aucun commandement, ny autre diligence, cõtre le debteur de la rente, ains
il fe pourra, apres chacun terme addreffer directemét contre le vendeur, ou autres femblables termes, excluants expreffement la difcuffion, & mefme toute autre diligence.

20 Car s'il n'y auoit que fous difcuffion, i'eftime attendu la
forme du contract, qu'il n'y auroit que la vraye & parfaite
difcuffion exclufe, que les anciens Docteurs appellent *ex-
cufsionem ad vngulam, vfque ad faccum & peram*, & non pas la
fimple diligéce & perquifitiõ de meubles, telle qu'anciennement elle eftoit requife auant que venir au decret des
immeubles, fuiuant la loy, *A Diuo Pio. De re iudic*. & qui a
efté abolie par l'Ordonn. 1539. Mais fi toute diligence eft
exclufe par paction expreffe, cefte paction chãge la forme
du cõtract, qui n'eft plus vne vraye vente de la réte ja con-
ftituee, ains pluftoft vn fimple engagemét d'icelle, ou fimple affignation: dont il a efté parlé cy deffus au 3. chap.

21 Finalement quand ceste clause est ainsi conceuë, *Payer soy-mesme* trois mois apres chacun terme, ou apres vn simple commandement fait au debteur, ou apres vne simple perquisition de ses meubles, ie dis que lors le cessionnaire a sa leçon par escrit, & qu'il n'est tenu de faire plus ample discussion, que celle, qui luy est prescrite par le contract, pource que l'expresse prouision de l'homme faict cesser la prouision de la loy, & que *in certis non opus est coniecturis.*

22 En tout cas il faut noter, que quád l'entiere discussion est requise, elle ne compete au cedant, que par forme d'exception: comme cela est general au droict, que la discussió est vne espece d'exception. De sorte que si le cessionnaire s'addresse directement contre son cedant, *non malè agit,* ains est bien fondé en son action, voire mesme obtiendra à ses fins auec despens, si l'exception de discussion ne luy est opposee: comme resout Guy Pape en sa decis. 94.

23 Voire mesme la cómune des anciés Docteurs tient que ceste exception estant dilatoire, doit estre proposee au parauant contestation, & qu'elle n'est receuable par apres, mesmement que n'ayant esté proposee en l'instance principalle, elle n'est receuable en cause d'appel, comme rapporte Negusant. *in d. tract. de pign. 8. par. 1. memb. numero 35.* Ce qui n'est toutesfois veritable, au contraire ie tiens que ceste exception peut estre opposee en quelque partie de la cause, voire mesme apres sentéce definitiue, & encor apres vn arrest. *Quia non infringit, sed temperat iudicatum,* & ainsi le semble tenir *Guydo Pape decis.* 432.

24 Quoy que ce soit apres discussion faicte, voire toutes fois & quantes, que ceste clause de payer soy-mesme vient à auoir effect, elle n'induit pas simplemét la resolution du contract, comme faict la clause de *Fournir & faire valoir;* ains induit vne obligation formelle & precise de payer & continuer la rente, deslors que le cas est aduenu, auquel il s'est expressemét constitué payeur d'icelle. Car ceste clause n'est pas vne simple asseurance de la garantie de faict, comme l'autre, ains c'est vne paction particuliere, qui reforme le cótract, & qui change le transport en vne consti-

tution conditionnelle de rente fur foy - mefme, comme il
a efté iugé par plufieurs arrefts rapportez par Bacquet.

25 Vray eft qu'au cas de la vente faicte à moindre prix,
que celuy de l'Ordonnance, auec cefte claufe de *payer foy-
mefme*, il faut par necefsité apres le cas aduenu, diminuer
.la rente & la reduire & proportionner au prix de la vente:
pour-ce qu'autrement ce feroit vne vfure: encor du Moulin au traicté des vfures, *quæft.62.num.413.* dict que tel contract eft vicieux & vfuraire dés fon commencemét: ce que
ïe n'eftime pas, pource que comme le cedant n'eft tenu
payer foy-mefme, que apres difcufsion, aufsi ne deuient-il
vicieux qu'apres difcufsió: & encor alors i'eftime qu'il doit
pluftoft eftre iugé reductible, qu'vfuraire & vicieux tout à
fait: pource qu'il eft à prefumer, que les parties n'ont penfé
faire qu'vn contract commutatif & negotiatif, & non vn
preft ou contract feneratif.

26 Mais en efchange, où l'vfure ne peut bonnement efcheoir, il n'efchet aufsi ny reduction ny caffation ou refolution, ains faut precifement apres difcufsion payer la rente fuiuant le contract: qui eft l'effect particulier, que produict cefte claufe de *payer foy-mefme*, outre & par deffus celle de *Fournir & faire valoir*.

PRATIQVE DE LA DISCVSSION
en la garantie des rentes.

CHAPITRE IX.

SOMMAIRE.

1 PVis donc que les trois clauses de la *garantie des rentes*, requierent la difcuf-fion, il n'eft pas hors de propos de def-chiffrer la pratique d'icelle, & ce tou-tesfois briefuement & fommaire-ment: car pour l'expliquer tout à fait, il faudroit bien vn liure tout entier.

2 En premier lieu, les anciens Docteurs fe trouuent fort empefchez à expliquer la forme d'icelle, & comment elle doit eftre faicte en pratique: iufques là que Barthole, au petit traicté qu'il fit de la difcuffion, la mefme annee de fon decez, dict que la loy & les prophetes y font demeurez en fufpends : & de faict il n'en peut venir à bout luy mefme, non plus que les autres Docteurs qu'il cite.

3 Guido Pape, qui eftoit vn tres-excellent praticien, en approche de plus pres, difant en fa decif. 432. que de fon téps on pratiquoit en Dauphiné, que pour faire la difcuf-fion folennelle le Iuge decernoit commiffion à vn fergent, afin de s'informer des voifins du debteur & autres tef-moins dignes de foy, quels eftoient fes biens : laquelle in-formation eftant rapportee au Iuge, il donnoit fa premie-re fentéce par laquelle il declaroit la difcuffion bien faicte, & en confequence promettoit de s'addreffer contre l'o-bligé fubfidiaire.

4 Mais nous n'y gardons pas à prefent tant de ceremonie: car comme ainfi foit, que faire vne difcuffion eft en effect verifier vne negatiue, à fçauoir que le debteur n'a aucuns biens, ce qui ne fe peut faire directement : nous char-geons à bon droict celuy qui a intereft de fouftenir, qu'il a des biens, de les indiquer : voicy donc comment nous en vfons : commandement faict au debteur, & apres en-cor que le fergent s'eft enquis fommairement aux voi-fins d'iceluy, s'ils fçauent aucuns biens meubles ou immeu-bles à luy appartenans, qui ont fait refponce qu'ils n'en fçauoient aucuns : on peut faire adiourner le cedant de la rente, foit qu'il ait promis la payer foy-mefme, foit feulement la *fournir & faire valoir*, pour fe voir condamner

à payer les arrerages qui en font deubs, & icelle côtinuer à l'aduenir, offrant neantmoins difcurer preallablemét aux perils & fortunes de fondit cedant tous les biens qu'il luy indiquera appartenans audit debteur.

5 Offre qui fans doute eft pertinente, & qui a cet effect que fi le cedāt indique mal, c'eft à dire s'il indique des biés qui n'appartiennent pas au debteur, ou qui ne foient pas bien defignez pour les decreter, il eft tenu aux dommages & interefts du cefsiōnaire : que fi il indique bien, mais que les biens indiquez ne fe trouuent fuffifans pour retirer les frais de la pourfuitte, lefquels le cefsionnaire difcutant eft tenu aduancer, il les recouurera par apres contre l'indicāt.

6 Et eft à noter que celuy qui difcute n'eft point tenu de faire deux decrets l'vn apres l'autre, notamment fur l'indication du fubfidiairement obligé : ains n'eft tenu que de faire à vne fois & vne fin, vne difcufsiō generalle, ainfi que la vente qui fe faifoit à Rome, *in Prætorio pignore*, comprenoit tous les biens du debteur : enquoy il n'y a qu'vne exception, à fçauoir quand apres l'indication il eft aduenu de nouueaux biés au debteur, comme dit fort bien *Alex.conf.* 100. *in 5.volum. col.vlt.* De forte que pour bien faire, auant mefme que commencer le decret des hypotheques exprimees au contract, ou autres heritages appartenans notoirement au debteur, le cedant peut & doit faire adiourner fon garant fubfidiaire, à ce qu'il luy indique tous les biens fubjets à eftre difcutez, afin de les faire decreter à vne fois & vne fin: proteftant à faute de ce faire que par cy apres on ne luy pourra demander autre difcufsion. Ce qui eft trespertinent, pour-ce qu'autrement on n'indiqueroit iamais qu'vne piece apres l'autre, & faudroit faire trois ou quatre decrets pour vn, ce qui n'eft raifonnable.

7 Voire mefme il femble, que la difcufsion ne peut eftre oppofee, finon quand le debteur fujeçt à eftre difcuté, eft prefent, ou que dans vn delay le debteur fubfidiaire offre le reprefenter en caufe, comme il eft expreffement dict en la Nou.4. qui a introduit la difcufsion. Mais en vn mot il faut tenir pour certain, que cefte particularité n'eft gardee en France,

France, pource que les Romains auoiét toute autre raifon, que nous, de requerir la prefence du debteur, pour faire la difcuffion, qui ne fe pouuoit faire en fon abfence, que bien difficilement, & apres grande longueur.

8 Car quand le debteur eftoit abfent, ou qu'il fe cachoit, il n'y auoit à Rome prefque nul moyé d'auoir raifon de luy: pource qu'en premier lieu les contracts n'ayans execution paree (comme il fera difcouru cy apres) il falloit fe pouruoir par action, & cefte action ne pouuoit bonnement eftre intentee ny pourfuyuie contr'vn homme abfent ou caché. Car il falloit que les adiournemens fuffent faicts à la perfonne, n'admettant ceux qui eftoiét faits à domicile : voire que la partie fuft continuellement prefente à tous les actes de la caufe, n'ayans l'vfage des procureurs *ad lites*, tel & en la façon que nous : & c'eft pourquoy il falloit dés l'introduction du procés bailler caution d'efter à droict.

9 Pareillement ils n'auoiét pas les procedures par defaut telles que nous, & n'obtenoient iamais condánation definitiue côtre les defaillans, ains feulement vfoient de miffion en poffeffió *ex primo vel fecundo decreto*, & falloit attendre vn fort long temps deuant qu'on permift de vendre & fubhafter les biens d'vn homme abfent. Qui fut l'inconuenient que remarqua Papinian pour faire abolir cefte ancienne loy, qui defendoit de pourfuiure les fideiuffeurs auant les principaux debteurs, comme remarque le texte de cefte Nou. 4.

10 Mais c'eft toute autre chofe en France où on peut difcuter le debteur prefqu'auffi toft & auffi facilemét en abfence, qu'en prefence. Car les contracts liquides ont leur execution paree fur tous fes biés, apres cômandement fait à perfonne ou à domicile, encores tenôs nous qu'il ne faut point de cômandemét precedant, quand le debteur eft abfent, & qu'il n'a aucun domicile certain & public, fuyuant la loy *Debitores C. de pignor*. Et s'il n'y a contract executoire, on peut adiourner le debteur abfent à fon ancien domicile ou à fon detrôpé, & par apres on procede par defaut à côdamnatió de definitiue, en vertu de laquelle on vend & difcute fes biens.							l

11 Toutesfois d'autant que par l'Ord. des criees il faut que la garantie destinee pour interposer le decret & adiudicatiou de ses heritages luy soit signifiee à sa propre personne: quand il est fugitif ou caché, attestation de ce sommairement faite on crée vn curateur à l'absent auquel on fait signifier ceste quarantaine : au moins l'ay-ie veu pratiquer ainsi, dont ie cócluds qu'en France l'absence du debteur ne doit aucunemét exclure la discussió, nonobstát ceste Nou.

12 Tant y a qu'on peut remarquer que Iustinian, qui a introduit la discussió, n'a pas entéduqu'elle fust par trop difficile, puis qu'il a ordóné, qu'ó en seroit excusé pour l'abséce du debteur. Et de verité estant *de apicibus Iuris,* c'est à dire introduite par vne subtilité du droict, elle deuiendroit tout à fait inique si on rejettoit le creancier à telles difficultez, ou lógueurs, qu'elles l'empeschassent par trop de se faire payer par le subsidiairement obligé , auquel elle seruist seulement d'exception moratoire & de specieux pretexte, pour eluder sa promesse & obligation.

13 C'est pourquoy tous les Docteurs sont d'accord, que si les meubles sujets à discuter estoient enfermez en vn fort chasteau où les sergés ne peussent aller, il ne seroit necessaire de les discuter, cóme Bartole rapporte au traicté susdit.

14 Par mesme raison ils tiennent, que si les biens sont litigieux, la discussion n'en est pas necessaire: ce qui semble decidé en la loy *à dino Pio. §. si rerum. ff. De re iud.* qui neátmoins y apporte ceste distinctió: que si le debteur en est en possession, il les faut saisir, & s'il y a opposition d'vn tiers, afin de distraire, faut la faire vuider, si cela se peut sommairement faire, sinon il les faut laisser, & prédre d'autres biens. Quoy que ce soit, ceste loy au *§. sed vtrum,* dit notamment qu'on n'est pas tenu de discuter les actions & debtes litigieuses. Bref ce docte *Anton. Negusant.* au traicté *De pignor. 8. part. 1. memb. num.* 44. conclud, que *illa bona tantùm discutienda sunt, quæ sine controuersia possideri possunt, pro ijs autê quæ sunt in controuersia non debet retardari processus contra fideiussores, aut pignorum possessores.* Ce qui me semble fort raisonnable, bié qu'il ne soit encores estably en nostre pratique, pource qu'il

n'y a nulle apparence d'amufer & acculer le creancier à
faire vuider vn procés de fubftitution ou autres tels faf-
cheux procés, lefquels le fubfidiairement obligé fera par a-
pres auffi bien vuider que luy.

15 Ie ne fuis pas pourtant de l'aduis de ces anciés docteurs,
en ce qu'ils tiennêt prefque tous côcordâment, que quand
le principal debteur eft notoirement infoluable, il n'eft befoin de le difcuter: *quia in certis,* difêt-ils, *nõ eft locus coniecturis.*
Ains i'eftime auec Angel. fur la Nou. 4. & Guido Pape en
cefte decif.432. que pour peu de biés qu'il fe trouue auoir, il
les faut difcuter: pource que toufiours les faut-il védre, ce
que le creácier eft chargé de faire, auant que pouuoir contraindre le fubfidiairement obligé, qui en tous cas a intereft de fçauoir ce qu'il deura de refte par apres : ce que s'il
fçauoit au vray quand on s'addreffe à luy, poffible le paye-
roit-il contant fans fe laiffer executer, ou laiffer mettre fon
bien en decret.

16 Et toutesfois pource qu'il faut toufiours reuenir à cefte
confideration, que la difcuffion n'eft point introduite pour
feruir d'vn fimple recullemêt & exception moratoire, ains
pour exempter par effect le fubfidiairemêt obligé, quand le
principal debteur eft foluable : afin de modifier cefte opinion, & l'accorder aucunement auec la commune. Ie tiens
pour certain qu'apres la difcuffion faicte des biés indiquez,
lefquels le creácier a fouftenu eftre notoiremêt infuffifans,
le tiers detenteur qui l'aura arrefté deux ou trois ans à faire
cefte difcuffion, ne fera pas quitte deformais pour delaiffer
en Iuftice la chofe hypothequee, ains faut qu'il en rêde les
fruicts perceus pendât cefte difcufsion, qui aufsi bien fe fait
toufiours à fes perils & fortunes : joint que par le moyen de
ce qu'il a efté conuenu en iuftice auparauant, voire qu'il a
demandé difcufsion, il a efté deflors conftitué en mauuaife
foy, non feulement feinte, mais pofitiue & vraye, & partant
il ne peut plus gaigner les fruicts, n'eftant mefmę raifonnable, que fa fuite luy apporte ce gain.

17   Pareillement ces anciens docteurs ont fuiuy la plus
part l'opinion de Balde *in L. fciendum. in pr. D. Qui fatifd. cog.*

quæ excuſſio non eſt facienda de bonis quæ ſunt extra territorium iu-dicis cognoſcentis de cauſa. Vray eſt qu'Angel. ſur l'auth. De *fideiuſſ.* y apporte vne modification, *dũmodo diſcuſſio non poſſit fieri alibi ſine magna difficultate.* C'eſt pourquoy aucũs tiennét en France qu'il n'eſt neceſſaire de diſcuter, que les biés qui ſont en meſme prouince ou Bailliage, autres qu'au moins il ſuffit de diſcuter ceux qui ſont au meſme Parlemét. Autres ſouſtiennét qu'il faut diſcuter tous ceux qui ſont en Fráce: voire meſme il y en a qui veulét qu'on diſcute tous les biés du debteur, fuſſent-ils hors le Royaume, pource qu'il eſt vray de dire, que celuy qui a des biés en païs eſtrange, n'eſt pas diſcuté ny rendu inſoluable.

18 De ces quatre opinions i'eſtime la troiſieſme plus equi-table, qu'il faut diſcuter tous les biens de Fráce. Car quant à la premiere & la ſeconde, que c'eſt aſſez de diſcuter ceux qui ſont en la prouince ou au Parlemét, ſoubs pretexte de dire, qu'il ne faut faire qu'vn decret ou diſcuſſion generale: outre que ee fondement n'eſt pas bien certain, on peũt reſpondre que tous les biés qui ſont en France, ores qu'en diuers Parlemens, peuuent eſtre diſcutez par meſme diſcuſ-ſion: Car les ayant faiɛt vendre ſur les lieux (comme c'eſt la verité, qu'en bonne iuſtice tout decret y deuroit eſtre fait) on peut obtenir des lettres d'euocatiõ du grãd ſeau fondees ſur le tiltre *De quibus rebus ad eundem iudicem eatur*, par leſquel-les l'ordre des creanciers (auquel conſiſte la vraye diſcuſ-ſion , comme auſſi en pratique on l'appelle diſcuſſion) ſera renuoyé en vn meſme ſiege, pour eſtre terminé à vne fois & vne fin, & pour eſuiter à diuerſité de iugemens: mais puis qu'il a eſté prouué cy deſſus que la grãde difficulté deſ-charge de la diſcuſſion, il n'eſt pas raiſonnable de renuoyer le creácier qui a de bonnes aſſeuráces en France, plaider & faire des diſcuſſiõs hors de France à la mercy des eſtrãgers.

19 Toutes ces queſtions concernent generalement la pra-tique de la diſcuſſion, ceſte cy concerne particulierement celle qui doit eſtre faiɛte en la garantie des rentes. On de-mande ſi auãt que s'addreſſer au cedant, qui a promis four-nir & faire valoir la rente, ou la payer ſoy-meſme, il faut di-ſcuter les hypotheques d'icelles ſoit generales ou ſpeciales,

qui ont esté alienees par le debteur d’icelle, depuis le transport, notáment en pays de discussion : car ailleurs il n’y auroit point de difficulté, pource qu’elles s’y peuuét decreter auec les biens du debteur par mesme decret : mais en pays de discussion il faudra faire deux decrets, voire deux discussions l’vne apres l’autre, l’vne des biens du debteur, l’autre des hypotheques par luy alienees.

20 Et neátmoins il semble de prime face qu’il faut discuter ces hypotheques, pource que le cedant ne sēble obligé que sous ceste cōdition *Quanto minus ex pignorib. seruari poterit*, dōt s’ensuit que si elles sont suffisantes, ou entant qu’elles sont suffisantes, il n’est pas vrayemen obligé, *nimirum deficiente conditione*. Aussi qu’il n’y a nulle apparence, que le cedant soit contrainct auant ces hypotheques discutees, pource qu’elles sont obligees à luymesme pour son recours, de sorte qu’aussi bien faudra-il qu’il les face vendre par apres.

21 Nonobstant tout cela il faut tenir qu’il suffit de discuter les biés qui sōt en la possessiō du debteur, ce qui est expressement decidé par ceste Nou. 4. qui ayant ordonné que le fideiusseur doit estre discuté premier & auāt les hypotheques alienees depuis la fideiussion, adiouste que non seulement cela doibt auoir lieu aux simples debtes, mais aussi à l’egard du βεϐαιώτης ou fideiusseur de l’euictiō, qu’il a esté monstré cy dessus chap. 4. se rapporter directement au cedant qui a promis *fournir & faire valoir la rente*. De sorte que suyuant ceste Nou. non seulement le cessionnaire n’est tenu de discuter les hypotheques alienees auant que s’adresser à son cedant, mais mesme s’il s’adressoit aux detenteurs de ces hypotheques, ils pourroient demāder que le cedant fust discuté auparauant eux, tout ainsi que le fideiusseur.

22 Ce qui pourtant ne peut pas auoir lieu en France, pource que le cedant a l’hypothecaire contr’eux de son chef, & la Nou. presuppose que le fideiusseur n’eust aucune hypotheque, ains seulement vne action personnelle pour son indemnité : mais l’autre consequence demeure tousiours que le creancier ny le cessionnaire n’est tenu discuter les hypotheques alienees auant que s’adresser au fideiusseur,

ou au cedant: & quāt à ce qu'on dit que celuy qui a promis
fou-nir & faire valoir, n'est que conditionnellement obligé
en cas que les hypotheques ne soient suffisantes, faut se res-
souuenir de ce qui a esté dit cy dessus, que la difficulté &
longueur excuse quelquesfois la parfaicte discussion, notā-
mēt qu il n'est raisonnable d'estraindre celuy qui a vne discussion à faire, de faire deux decrets l vn apres l'autre.

DE LA GARANTIE DES RENTES
sur le Roy.

CHAPITRE X.

SOMMAIRE.

1. *S'il faut discuter vn Prince.*
2. *S'il faut discuter le Roy.*
3. *Difference entre le Roy & le particulier en ceste matiere.*
4. *Que la discussion n'a lieu à l'egard du Roy.*
5. *Raisons au contraire.*
6.7. *Responce à icelles.*
8. *Pourquoy est inuentee la clause Nonobstant faict
de Prince, &c.*
9. *Obiection qui concerne l'estat.*
10. *Exemple notable d'Aratus Roy des Sicioniens.*
11. *Pourquoy le Parlement appointe souuent ces causes
au conseil.*
12. *Cas ausquels il les vuide au profit des cessionnaires.*
13. *Renuoy d'autres questions au liure de M. Bacquet.*

Vr le propos de ce qui vient d'eſtre
dit, que la difficulté ſert quelquesfois d'excuſe à la diſcuſſion, on de-
mande ſ'il faut diſcuter vn Prince,
notamment au cas de ceſte clauſe
de *fournir & faire valoir*, qui ſignifie
*debitorem idoneum eſſe & debitũ exigi
poſſe. Atqui debitor idoneus dicitur non
ſolum facultatibus, ſed etiam conueniendi facilitate. l.2. ff. qui ſatiſd.
cog. & debitor (nedum idoneus debitor) is eſt à quo inuito exigi
pecunia poteſt.*

2 Neātmoins la verité e ſt qu'il faut diſcuter les Princes cōme les autres, auſſi y a il iuſtice contre eux en Frāce. Et bien
qu'il y ait pl⁹ de difficulté à les diſcuter, que lesparticuliers,
ſi eſt-ce que ceſte difficulté a peu & deu eſtre preueuë par
le ceſſiōnaire de la rẽte lors qu'il l'a achetee : que ſ'il ſevou-
loit exépter d'icelle, il l'a deu ſtipuler par clauſe expreſſe:
ce que poſſible le cedāt n'euſt voulu accorder de ſa part.
Ce qui ſoit dit à l'egard des Princes non ſouuerains, & qui
ſont ſujeꞔts aux loix. Mais à l'egard du Prince ſouuerain qui
eſt pardeſſus les loix, c'eſt la grande queſtion qui de long
temps θεῶν ἐπὶ γούναςι κεῖται, ſçauoir diſ-ie ſi en vne rente
cedee ſur le Roy, qui iamais n'eſt inſoluable, & ne peut
eſtre diſcuté, le ceſſionnaire peut auoir recours contre ſon
cedant en vertu de la clauſe de *fournir & faire valoir*, ou celle
de *payer ſoy meſme*: quãd le Roy ne veut point payer la rente.
3 Car il y a bien difference entre le Roy & le particulier:
pource que ſi le particulier ne veut payer on l'y peut contraindre tant qu'il a dequoy, & quand il n'a plus rien, il eſt
par conſequét diſcuté, & y a lors recours contre le cedant.
Mais au contraire le Roy n'eſt iamais inſoluable, mais auſſi
quand il ne veut pas payer, il n'y peut eſtre contrainꞔt. Et
comme ainſi ſoit que deux choſes ſont requiſes pour faire
qu'vne debte ſoit bōne, à ſçauoir les moyens, & la conuention : ſi vn particulier a les moyens, la conuention n'en eſt
iamais impoſſible ; tout au rebours au fiſque, les moyens
y ſont touſiours, mais ſi la volonté de payer n'y eſt, la conuention eſt totalement impoſſible.

4 Pus donc que *fournir & faire valoir*, eſt *præſtare debitum exigi poſſe, ſeu præſtare quanto minus à reo exigi poſſit*, il ſenſuit manifeſtement, que ceſte clauſe donne recours contre le cedant, quãd le fiſque ne veut payer, ſuyuant ceſte loy *Debitor de verb. ſignif.* Autrement és rentes du Roy, ceſte clauſe ny celle de *payer ſoymeſme* ne ſeruiroient de rien, ſi elles n'auoient lieu qu'apres actuelle diſcuſſion comme entre particuliers. Ioint auſſi qu'on dit, que quand le Roy ne veut payer, la diſcuſſion eſt toute faicte. Et de fait les interpretes de droict ont tenu concordamment ſur l'auth. *præſente C. de fideiuſſ.* que *in fiſco debitore beneficium diſcuſſionis locum non habet.*

5 Ces raiſons ſont merueilleuſement pregnãtes, & à mon aduis du tout vrayes en bonne iuriſprudence : neãtmoins on dit au cõtraire que c'eſt vne regle perpetuelle en droict, que *poſt venditionem periculum ad emptorem ſpectat*, & qu'on ne peut deroger à ce droict commun, ſinon par vne expreſſion ſpeciale. Auſſi que pour ſe ſoubmettre valablement aux cas fortuits & inopinez (comme le faict de Prince eſt ſans doute vn cas fortuit, & eſt proprement *vis maior*) il les faut particulierement exprimer *l. ſed & ſi quis §. Quæſitum. ff. ſi quis caution.* Encor eſt-ce touſiours choſe eſtrange & inique, qué le vendeur qui n'a plus rien en la choſe, ſupporte eternellement les cas fortuits qui tombent, non ſur les hypotheques & aſſeurances externes de la choſe, ains directement ſur la choſe meſme, ne plus ne moins qu'il n'y a point d'apparence de dire que l'acheteur d'vne maiſon, ſous pretexte que ſon vendeur a promis la *garantir, fournir & faire valoir*, ait recours contre luy, ſ'il aduient que dix ans apres la vente, elle ſoit bruſlee & abbatuë.

6 A quoy on reſpond qu'il y a bien difference entre les choſes corporelles & les incorporelles, comme les rentes. És corporelles la clauſe de *fournir & faire valoir* appoſee en la vente ne ſert de rien, ains ceſte clauſe a eſté inuentee ſeulement pour la garantie de faict, des debtes & des rentes, où il eſt bien requis vne garantie plus ſpeciale, pource qu'on achete ce qu'on ne veoit point, & qui n'a point de ſubſiſtance viſible.　　　　　　　7 Et

7 Et quant à ce qu'on dit de l'expreſſion particuliere des
cas fortuits, on reſpond, que le manquement des rentes du
Roy, qu'on appelle faict du Prince, eſt bien vn cas fortuit,
mais non pas poſterieur au tranſport, quoy que ce ſoit, qu'il
n'eſtoit pas impreuiſible. Car l'authorité du Prince precede le tranſport, encor que ſon effect, qui eſt le diuertiſſe-
ment des aſſignations deſtinees pour payer ces rentes, ſoit
poſterieur, qui eſt en paſſant vn poinct qui meriteroit bien
eſtre eſpluché, pour-ce qu'il vuideroit vne autre queſtion,
ſi en la ſimple promeſſe de garantie des rentes du Roy, il
y a en ce meſme cas recours contre le cedant, attendu ce
qui a eſté dit cy deuant au chap. 3. que la ſimple promeſſe
de garantie rend lé vendeur tenu des accidens ſuruenus
au parauant la vente.

8 Et toutesfois pource qu'aucuns ne peuuent admettre
ceſte conſideration, ny l'autre auſſi que celuy qui a acheté
vne rente ſur le Roy, deuoit côſiderer & preuoir, que ceſte
rente dependoit de ſa pure volonté, & qu'il ne pouuoit e-
ſtre contrainct & diſcuté, & partant que ſi en defaut que le
Roy le vouluſt payer, il entendoit auoir recours contre ſon
cedant: il l'a deu faire exprimer par ſon contract: cela a eſté
cauſe d'auoir inueté vne clauſe particuliere pour les tranſports des rentes du Roy, quoy que ce ſoit vne addition à la
clauſe de *Fournir & faire valoir*, en ces mots ou autres ſemblables, *nonobſtant faict de Prince, cas d'hoſtilité, retardement de*
deniers, deſtournemens d'aſſignations, changement de monnoye, &
generalement tous cas fortuits & inopinez, exprimez & non ex-
primez.

9   Il y a encor vne autre obiection qui frappe grand coup,
à ſçauoir le grand broüillement que ce ſeroit, ſi on iugeoit
indiſtinctement ces rentes redhibitoires, pour-ce que depuis pres de cinquante ans qu'on a commencé d'en conſtituer, *multa hæreditatibus, multa emptionibus, multa dotibus te-*
nentur, & telle de ces rentes a ja paſſé par plus de douze
mains, qui ſeroit conſequemment autant de familles en
peine, pour vne ſeule rente: au lieu que maintenant il n'y a
qu'vn ſeul homme qui en reçoiue incômodité, & aduien-

droit en ce faifant, que tel, qui dés y a quarante ans a vēdu
vne rente, maintenant qu'il ne s'en fouuient plus, fe trou-
ueroit tout à coup accablé & ruiné, pour auoir fuiuy la foy
publique. Partant on conclud, puis qu'il faut que ce man-
quemēt tombe fur quelqu'vn , qu'il vaut mieux qu'il tombe fur vn que fur plufieurs : & encore fur celuy, qui fe trouue à prefent feigneur de la rente , pluftoft que fur ceux qui
n'y ont plus rien.

10   Mais cet inconuenient eft vn poinct d'Eftat & vne
confideration trop generale, qui ne regarde pas au droict
des particuliers, ny à la foy des contracts, laquelle neantmoins eft vn des plus affeurez fondements d'vn Royaume,
comme difcours fort à propos Ciceron *lib.2.de Off.* où il dict
que fur vne pareille repugnance du repos public à la iuftice
particuliere. Aratus Roy des Sicioniens fut fi debonnaire,
apres la guerre mife à fin , que d'emprunter vne immenfe
fomme d'argent, & payer à chacun des particuliers, ce qui
luy appartenoit, encores qu'il ne le deuft pas , afin de donner à fon peuple & la iuftice & le repos tout enfemble.
O dignum hominem (adioufte Ciceron) *qui in republica noftra
natus fuiffet.*

11   Mais pource que la neceffité des affaires publiques,
nous a toufiours efloignez d'vn femblable expedient, la
Cour de Parlement au parauant ces troubles, felon fa pru-
dence & difcretion ordinaire, auoit couftume d'appoin-
ter tels differends au confeil, qui eftoit à dire les pendre au
croq, imitant le faict de Popilius Lenas, & des Areopagi-
tes recité par Val. Maxime; & ne voulāt d'vn cofté debou-
ter les cefsionnaires de leur demāde, qu'elle recognoiffoit
iufte , ou d'ailleurs en vuidant la queftion generale à leur
profit, troubler le repos de plufieurs familles: mais fur tout
elle ne vouloit par fes arefts donner vne mauuaife efperan-
ce de ces rentes, pource qu'elle efperoit que pendant cefte
furfeāce des procés, il pourroit efcheoir vne faifon fi tran-
quille, que le Roy auroit & le moyen, comme pacifique, &
la volonté, comme bon pere de fon peuple, de f'aquitter
de telles debtes.

12 Mais lors que parmy ce contrepois & equilibre de difficulté , il se rencontroit quelques circonstances particulieres, qui fissent pancher la balance du costé des cessionnaires, la Cour iugeoit presque tousiours à leur profit: cōme quand la clause de submissiom au faict de Prince ou de
payer soy-mesme, estoit inseree au contract: pareillement en
touts cōtracts de mariage , de partage, ou d'eschange, elle
ne faisoit , & ne fait point encores de difficulté de donner
recours contre le cedant : non qu'à le bien prendre , en ces
contracts, il y ait plus estroitte & precise obligation à la garantie qu'aux contracts de vente : mais pource qu'és contracts de partage & mariage , il y a quelque plus grande fa-
ueur ; & que l'escháge est plus facile à resoudre que la vente: pource que chacun en l'eschange retrouue sa chose , ce
qui n'est en la vente, où l'argent se consomme.
13 Cecy meriteroit d'estre mieux approfondy , & traicté
plus au long, veu qu'il y a plusieurs autres belles questions
touchant ces mesmes rentes: mais il me fasche de manier
longtemps vn vlcere si fort sensible: joinct que M. Baquet
les a nettement discouruës en son liure du transport des
rentes.

SI LE CESSIONNAIRE A RE-
cours contre le cedant apres le decret
ou prescription des hypo-
theques.

CHAPITRE XI.

SOMMAIRE.

1. *Que l'insuffisance de la rente peut prouenir de trois*
    causes.

2. *Quand elle prouient du faict de cessionnaire, il n'a*
    aucun recours.

1 QVand par la difcuſſion le debteur de la rente ſe trouue infoluable, il ſe cognoiſt quelquefois que ſon infoluabilité eſt aduenuë apres le tranſport : ce qui peut aduenir en trois façõs, ſçauoir eſt ou par cas fortuit, comme quand il eſt appauury par quelque fortune, ou par le fait du ceſſiõnaire, comme quand il a deſchargé volontairement quelque hypotheque, ou par ſa negligence pour auoir laiſſé preſcrire les hypotheques de la rente. Si c'eſt par cas fortuit il a eſté amplement prouué cy deſſus par deux chapitres entiers, que telle inſuffiſance eſt au dommage du cedant, quand il a promis *fournir & faire valoir* la rente, ſuiuant la deciſion de la loy, *amiſsi ff. de fideiuſſor.* Ce qui doit auoir lieu à plus forte raiſon, quand il a promis la *payer ſoy-meſme.*

2 Au contraire quand l'inſuffiſance eſt aduenuë par le faiĉt du ceſſionnaire de la rente, pour auoir deſchargé volontairement l'vn des obligez ou quelqu'vne des hypotheques d'icelle, il n'y a nulle doute qu'il n'y a point de recours à ce regard contre le cedant : tant pource que la promeſſe de *Fournir & faire valoir,* & meſme celle de *payer ſoy-meſme,* n'importét qu'vne obligation ſubſidiaire, qu'attendu auſſi la reigle de droiĉt que *Alteri per alterum iniqua conditio inferri non debet,* de ſorte que meſme le coobligé & tout autre qui eſt tenu ſans difcuſſion, *habet exceptionem cedendarum aĉtionum,* par laquelle il exclud & repouſſe ſon creancier, quand il ne luy peut plus ceder ſes aĉtions, contre les autres coobligez, ou ſur les hypotheques. pour les auoir volontairement cõſommees & amorties. *l. ſi pupillus. ff. De adminiſt. tut. l. cum poſſeſsor. ff. De cenſibus. l. ſtichum. §. ſi creditor. ff. De ſolut. & l. Iubemus. C. Ad velleianum :* qui eſt vn poinĉt de droiĉt fort remarquable.

3 Mais la grãde difficulté eſt quand ſans le faiĉt ny la faute du ceſſionnaire, ains par ſa ſeule negligence, les hypotheques de la rente ſont eſtaintes & amorties, cõme quãd le ceſſionnaire les a laiſſé decreter ou preſcrire (qui ſont les deux moyens receus en France, pour purger des hypotheques) ſçauoir ſi par apres il a recours contre ſon cedant en vertu de la clause de *fournir & faire valoir*, ou celle de *payer soy-mesme.*

4 Il semble de prime face que ouy, pour ce qu'il a peu sans hazard, ne point prendre garde, voire apertemét negliger d'entrer en procés, pour empescher ou le decret ou la prescription des hypotheques, sçachant que d'ailleurs il estoit bien asseuré comme ayant vn bon garant, sur lequel il se reposoit, autrement il seroit plus vtile de n'auoir point d'hypotheques que d'en auoir beaucoup, & d'estre tenu y auoir tousiours l'œil, & entreprédre à tout propos des procés, pour empescher qu'elles soiét decretees ou prescrites, veu mesme que le cedant de la rente se deuoit souuenir, qu'il estoit demeuré obligé à la *fournir & faire valoir*, voire à la *payer soy-mesme* : & partant que le cessionnaire, duquel il estoit garant, ne pouuoit rien perdre, tant que luy cedant auroit dequoy payer la rente, & consequemment que c'estoit à luy à s'opposer au decret, ou interrompre la prescription des hypotheques.

5 Aussi l'exception *cedendarum actionum*, dont nous venós de parler, n'a iamais lieu, sinon quand il y a du faict ou de la faute de celuy, contre qui elle est opposee, & non pas de sa simple negligence, pour auoir laissé prescrire ou decreter les hypotheques, comme il se collige des loix, qui ont parlé de ceste exception, qui supposent toutes par expres, le faict ou la faute du creancier: & comme tous les interpretes ont tenu, & notamment du Moulin l'a discouru clairement au traité *De vsuris quæst.*99.*num.*673.

6 Toutesfois le contraire est veritable, que le cessionnaire de la rente, apres auoir laissé prescrire ou decreter les hypotheques d'icelles, n'a plus de recours, à l'egard de leur valeur, contre son cedát, mesme en la simple clause de *fournir & faire valoir* : pour-ce qu'estant parfaitemét seigneur de la rente, c'est à luy d'en auoir le soin, comme il en a le profit, & non pas au cedant qui desormais ny a plus rien & n'en a aucun profit: aussi que la promesse de *fournir & faire valoir*, n'emporte sinon que la rente soit constituee & assignee sur des hypotheques suffisantes, esquelles le seigneur

de la rête doit deformais maintenir & cõ ſeruer ſon droict,
comme vn bon pere de famille doit veiller ſur ſon biẽ, duquel il eſt libre moderateur & arbitre, dit la loy : & luy doit
ſuffire que ſon cedant demeure obligé aux cas fortuits
qui peuuent aduenir en icelles, en quelque temps que ce
ſoit, ſans le vouloir aſſujetir (luy qui ne penſe plus à la rente, dont il n'a plus de profit) de veiller ſur les hypotheques
d'icelle.

7   Et finalement (qui eſt vn poinct où il n'y a aucune reſponce) puis qu'ainſi eſt que le ceſſionnaire eſt tenu de diſcuter tout à faict ces hypotheques, auant que ſon cedant
puiſſe eſtre pourſuiuy, à plus forte raiſon eſt-il tenu d'en
empeſcher le decret & la preſcription d'icelles, ce qui eſt
bien plus ayſé que de les diſcuter & faire decreter luy-
meſme.

8   Ne nuiſt de dire qu'il ſeroit plus vtile au ceſſionnaire
d'auoir moins d'hypotheques, que d'en auoir pluſieurs:
car cet argument eſt reciproque, & peut on dire que s'il
n'y euſt pluſieurs hypotheques ſuffiſantes ſur leſquelles le
cedant s'eſt aſſeuré, quand il a promis *fournir & faire valoir
la rente*, ſçachant que par le moyen d'icelles, & attendu
qu'il les failloit diſcuter toutes auant que s'addreſſer à luy,
il ne ſeroit iamais en peine pour la rente, il n'euſt iamais
promis la *fournir & faire valoir*, & pluſtoſt ne l'euſt-il iamais cedée. *Aliena igitur ceßationis vitium ad eius diſpendium
pertinere non debet*, comme dit la loy 1. *C. De diuid. tut.*

9   Pareillement ne ſert de dire, que l'exception *cedendarum actionum* n'a lieu que quand l'hypotheque a eſté amor-
tie par le faict ou faute du creancier. Car il faut prendre
garde que iamais en droict ceſte exception ne pouuoit
competer qu'à ceux qui eſtoient tenus directement & ſans
diſcuſſion. Pource que ceux qui n'eſtoient tenus que ſubſidiairement, n'auoient que faire de demander ceſſion
d'action, ains demandoient diſcuſſion entiere d'icelles,
ſans laquelle faire preallablement, ils ne pouuoient e-
ſtre conuenus.   Et ce qu'aux loix ſus alleguees il eſt

dict que ceste exception *cedendarum actionum* compete aux fideiusseurs & tiers detenteurs des heritages hypothequez, est à cause que selon le droict des digestes & du Code les fideiusseurs & tiers detenteurs estoient tenus directement & sans discussion, ne leur ayant le benefice de discussion esté attribué, que par la Nou. 4. comme il a esté dit cy deuant.

10　Faut donc tenir pour certain & infaillible, que ceux qui sont tenus directement & sans discussion (comme estãs plus estroictement liez) ne peuuent pas estre deliez & desobligez sous pretexte que le creancier aura laissé prescrire ou decreter vne hypotheque, pource que pour leur produire l'exception *cedendarum actionum*, il faut qu'il y ait du faict ou de la faute du creancier, & non de sa simple negligence ou omission. Aussi que le creancier ayant d'autres hypotheques directes & non subsidiaires, ou d'autres coobligez contre lesquels il auoit son action prompte & paree, *sciebat ius suum durare*, ores qu'il laissast prescrire, ou decreter, l'vne des hypotheques ou descharger, sans son faict, l'vn des coobligez. Ainsi pratiquons nous notoirement que si le seigneur d'vne rente fonciere assignee solidairement sur plusieurs heritages laisse prescrire ou decreter partie d'iceux, il peut par apres demâder toute sa rente aux detéteurs des autres heritages: de sorte que c'est à eux qui sont tenus directement & sans discussion de la rente, d'empescher ceste prescription ou decret.

11　Mais c'est toute autre chose aux obligez subsidiairement, qui ne sont tenus qu'apres discussion, ou soubs condition de l'insuffisance des principaux obligez: *quantumuis à reo eiúsque pignoribus seruari poterit*. Car si le creancier laisse prescrire ou decreter les hypotheques d'iceux, c'est à son dommage: d'autant que par apres on ne peut dire, que la condition soit aduenuë, au contraire ils peuuent dire, que *à reo eiúsque pignoribus debitum seruari potuit*.

12　Ce qui peut estre confirmé clairement par la conference de deux belles loix du titre *De fideiussorib. ff.* qui semblent formellement contraires l'vne à l'autre, & ne le sont

pas

pas toutesfois. L'vne est la loy *si fideiuſſores* 41. qui dit que le fideiuſſeur ſubſidiaire ne peut estre conuenu apres que le creancier a negligé de faire payer le principal debteur, & qu'apres ceste negligéce, il est deuenu inſoluable: L'autre est la loy *fideiuſſor.* 63. qui dit au contraire, qu'en ce meſme cas le fideiuſſeur peut estre conuenu, encor meſme qu'auparauant l'inſuffiſance aduenuë au debteur, il euſt ſommé le creancier de ſe faire payer, & qu'il n'en euſt tenu compte.

13   Mais il faut noter, que la premiere loy parle expreſſement du fideiuſſeur ſubſidiaire: voicy ſes mots; *Si fideiuſſores in id accepti ſint, quod à debitore ſeruari nequiret*: & la ſeconde parle du fideiuſſeur pur & ſimple, qui ſelon le droict du Digeſte & du Code, estoit tenu directemét & ſans diſcuſſion, C'est pourquoy la negligence du creancier ne luy produiſoit point d'exception, ores meſme qu'il l'euſt ſommé de ſe faire payer : au contraire ceſſant meſme ceste ſommation la ſimple negligence du creancier libere le fideiuſſeur ſubſidiaire, pource qu'il n'estoit tenu que ſous condition qu'il n'y euſt moyen de ſe faire payer par le principal debteur: ce qui est de meſme en celuy qui a promis *fournir & faire valoir la rente.*

14   Fors qu'il y a vne petite difference entre celuy qui a promis *fournir & faire valoir*, ou vne rente ou vne ſimple debte: à ſçauoir que la rente estant perpetuelle de ſa nature & pourtant reputee immeuble, doit estre aſſignee ſur des hypotheques immobiliaires ſuffiſantes pour estre reputee bonne & bien ſoluable : cest pourquoy quand meſme au veu & ſceu du ceſſionnaire le debteur d'icelle auroit conſommé ſes meubles, le cedant ne luy en pourroit rien imputer, attendu meſme qu'on n'en peut pas exiger le rachapt comme d'vne debte à vne fois payer, de ſorte qu'il n'y a rien qui puiſſe produire exception ou deſcharge à celuy qui a promis *fournir & faire valoir vne rente*, que quand le creancier d'icelle en a laiſſé preſcrire ou decreter les hypotheques.

15   Mais s'il estoit queſtion d'vne ſimple debte prompte-

ment exigible, le ceſſionnaire de laquelle euſt laiſſé par ſa
negligence conſommer par le debteur d’icelle pluſieurs
bons meubles, tellement qu’il apparuſt qu’il ſeroit deuenu inſoluable à cauſe de ceſte negligence, alors il y a grande apparence que le cedant, qui auroit promis icelle *fournir & faire valoir*, & tout autre obligé ſubſidiaire n’en ſeroit
plus tenu, par la raiſon de la loy 1. *C. De diuid. tutela.*

16　Concluons donc que la ſimple negligence du creancier ne deſcharge point le coobligé, & tout autre qui eſt
tenu de la rente directement & ſans diſcuſſion : mais bien
qu’elle deſcharge le ſubſidiairement obligé . En quoy neantmoins il y a vne exception ou pluſtoſt modification, à
ſçauoir q̃ celuy qui auoit vne ſpeciale hypotheque, & vne
generale ſans la clauſe, ſans que la generale deroge à la
ſpeciale &c. doit veiller ſur l’vne & l’autre hypotheque,
ores qu’en ce cas la generalle ne ſoit que ſubſidiaire à la
ſpeciale: tellement que s’il laiſſe preſcrire ou decreter l’hypotheque generale, il n’a plus de recours à ce regard contre ſon cedant ou autre ſubſidiairement obligé : & ce pour
deux raiſons.

17　L’vne que la diſcuſſion de la ſpeciale hypotheque ne
peut eſtre oppoſee par le debteur, ains ſeulement par ſes
creanciers, ou les tiers detenteurs, comme on tient pour
tout certain: l’autre que cela n’empeſchoit point, qu’il ne
ſe peuſt oppoſer au decret pour la cõſeruatiõ de ſon droict,
ou qu’il n’intentaſt l’action en declaration d’hypotheque,
pour interrõpre la preſcription, ce que partant il a de faire.

18　Tant y a que le cedãt, qui a promis *payer ſoymeſme la rente* en defaut du debteur d’icelle, ne peut plus eſtre attaqué
par le ceſſionnaire, qui a laiſſé decreter ou preſcrire les hypotheques de la rente : ce qui ſe doit entendre iuſques à la
concurrence de ce qui euſt peu eſtre retiré de ces hypotheques, ſi elles n’euſſent point eſté preſcrites ou decretees: leſquelles deux reſolutions dernieres ont eſté expreſſement decidees & iugees par cet arreſt ſolennel de l’an
cy deuant recité.

19　Puis donc qu’il a eſté dit au chap. 8. que le cedant qui
a promis *payer ſoy-meſme la rente* ſans ceſte addition, *en de-*

faut du debteur, n'y aucune autre queuë, n'eſt tenu qu'a-
pres diſcuſſion du debteur, il s'enſuit par la regle de ce cha.
que le ceſſionnaire, qui a laiſſé preſcrire ou decreter les hypotheques d'icelle, n'a point de recours côtre luy. Au contraire, puiſque celuy, qui a promis *payer ſoy-meſme ſans aucune diligence faire ſur le debteur*, eſt tenu directement du payement de la rente, il s'enſuit par ceſte meſme regle, que la
negligence du ceſſionnaire qui a laiſſé preſcrire ou decreter les hypotheques, ne le deſcharge pas.

20 Quoy donc: ſi ce cedant a ſommé ſon ceſſionnaire de
s'oppoſer au decret, ou d'interrompre la preſcription d'vne
hypotheque, & qu'il ne l'aye daigné faire, ſera-il pas au
moins deſchargé? Il ſemble que non, par la deciſion expreſſe de ceſte loy, *fideiuſſor. De fideiuſſ.* Mais il faut prêdre garde
qu'elle parle d'vne debte exigible, où telle ſommation ne
ſert de rien: pource que le fideiuſſeur, qui en eſtoit tenu directement lors, le deuoit payer luy meſme, & prendre ceſſion d'actions du creancier, & en vertu d'icelles faire luy
meſme, ce qu'il le ſommoit de faire : c'eſt pourquoy quant
aux arrerages de la rente, eſcheus lors de ceſte ſommation
faicte par le cedant au ceſſionnaire, la ſommatiõ ne profi-
te de rien: car il falloit payer, & non pas ſommer. Mais au
regard du principal de la rente, qui n'eſt pas exigible, ſans
doute que ceſte ſommation conſtituë le cedant en vraye
demeure, veu meſme que c'eſtoit luy auquel l'actiõ hypothecaire reſidoit, pour s'oppoſer au decret, ou interrompre
valablement la preſcription, ioinct qu'il auoit les titres de
la rente.

21 Reſte la difficulté en celuy qui a promis payer ſoymeſme apres vn ſimple cõmandement fait au debteur, ſçauoir
s'il peut eſtre attaqué apres que le cedant a laiſſé preſcrire
ou decreter les hypotheques. Et quãt à moy i'eſtime en vn
mot q̃ puiſque le cedãt a aſſez declaré par ces mots qu'il ne
ſe vouloit charger de plaider côtre le debteur ny ſes biens,
que ce n'eſtoit à luy ny à former oppoſition au decret, ny à
intenter action pour interrõpre la preſcription des hypotheques, puiſque le ceſſionnaire ne s'eſtoit voulu charger
d'autres, que de faire vn ſimple cõmandemẽt au debteur.

TRAICTE' DE LA GARANTIE
SI LA CLAVSE DE PAYER
soy-mesme a execution paree.

CHAPITRE XII.

SOMMAIRE.

I   INALEMENT il se faict vne autre question fort importante sur ceste mesme clause *De payer soy-mesme*, sçauoir si elle importe execution paree, ou bien si elle produit vne simple aôtiõ. Car c'est sans doute que les executions sont de droiôt estroit, *In quibus qui cadit syllaba, cadit iure:* & on pratique qu'encores que execution soit faicte pour chose deuë, si toutesfois le saisissant n'auoit execution paree, elle ne laisse d'estre declaree tortionnaire, & luy condamné és despens, dommages & interests, sauf à se pouruoir par action: en quoy on void bien souuent, que ceux qui se pensent trop haster, se trouuent bien reculez.

2   Il est donc besoin de discourir en passant quãd & comment les contracts ont execution paree, qui est vn terme eschorché du Latin, & emprunté d'vn mot, qui a esté supposé pour vn autre en la loy xvj. *De minoribus*, qui est fort à propos de ceste matiere. *Minor xxv. annis, cui fideicommissum solui pronuntiatum erat, cauerat id se accepisse, & cautionem eidem debitor quasi creditæ pecuniæ fecerat, in integrum restitui potest: quia partam ex causa iudicati executionem nouo contractu ad initium alterius petitionis redegerat*, où vulgairement on lit, *Paratam executionem*, au lieu de *Partam*, & de là nous auons pris en nostre pratique Françoise le mot *d'execution paree*.

3   Or de ceste loy, ensemble de la loy ij. *C. de exec. rei iud.* il appert clairement, qu'au droiôt Romain les seules sentences auoient execution paree, & non les contracts qui produisoient seulement leurs actions, sur lesquelles on obtenoit les iugemens, lesquels par apres on faisoit executer. Ce qui est dit elegãment en la loy i. *C. de exec. rei iud.* & qui est conforme à la loy diuine au Deuteron. chap. xxiiij.

4   Mais pour euiter à ce long circuit, on s'aduisa premierement de mettre aux contracts vne clause de cõstitution d'vn Procureur special & irreuocable, pour passer en iugement condamnation dũ contenu en iceux, & mesme pour recçuoir le commandement de payer, afin que ce faict, on

peuſt directemét venir à l'execution, comme diſcourt Re-
buffe ſur les Ordon.

5   Depuis pour encor abreger ceſte ceremonie inutile, on
inuenta les contracts garantigiez ou confeſſionnez, au
contexte deſquels l'obligé apres auoir confeſſé & s'eſtre
ſubmis au payement, y eſtoit à l'inſtant condamné de ſon
conſentemét par le Notaire, qui eſt appellé pour ceſte cauſe, *Iudex chartularius*, & portoit le contract, que les parties
ſeroient eſtees à droict par deuant luy: & de là vient, qu'encores aucuns Notaires mettent, que les parties ſont com-
paruës pardeuant eux, comme en droict iugement: & eſt
ceſte pratique tiree de la loy vnique *c. de confeſſ*. où elle eſt
traitee par les interpretes, & principalement par le docte
praticien Faber.

6   En fin fort à propos l'Ord. 1539. ſur l'abbreuiation des
procés pour retrãcher ce circuit fruſtratoire du droict Romain, & ces clauſes extraordinaires des contracts, a diſpoſé
que les lettres obligatoires paſſees ſous ſeel Royal (& encores ſoubs ſeel authentique, par les domiciliers ſoubs iceluy) ſeroient executoires ſur tous les biens meubles & immeubles des obligez. Ce qui a eſté auſſi inſeré en la Couſt.
de Paris art. 164. & voila comment l'execution paree a eſté
attribuee aux contracts auſſi bien qu'aux iugemens.

7   Mais auſſi par la meſme Ordonnance & Couſtume, il
eſt defendu expreſſement de faire execution pour choſe
non liquide, & nous tenons en pratique, qu'il faut pour a-
uoir execution paree, que le contract ſoit entierement liquide, & quant aux perſonnes contractantes, & quant à la
choſe promiſe, & quãt à la forme & maniere de l'obligatiõ.

8   Pour les perſonnes, il faut que l'execution ſe face ſeulement ſur les meſmes perſonnes, qui ont parlé au contract,
non ſur les heritiers, ny ſur la veſue pour ſa part de la com-
munauté, ſuppoſé meſmes que leurs qualitez ſoient no-
toires, & qu'ils en vueillent demeurer d'accord. Car alors
il faut venir par action & faire declarer le contract execu-
toire contre eux, cõme il eſtoit contre le defunct: encores
on a long temps d'outé, ſi l'heritier, la veſue, ou le ceſſion-

naire du creancier pouuoient faire mettre le cõtract à execution: & combien que prefque tous les modernes praticiens François ayent efcrit que non, fi eft-ce que l'vfage eft
paffé au contraire.

9 Pour le regard de la chofe promife, il faut premieremẽt
que l'obligation foit *ad dandum, non ad faciendum, quia obliga-
tiones ad faciendum refoluuntur in id quod intereft*, qu'il faut auparauant liquider: & encores il faut qu'elle foit, non pour
vne autre chofe meuble, ou immeuble, ains precifement
pour vne fomme de deniers certaine, & liquide, ou du
moins pour quelque efpece qui confifte en poids, nombre
ou mefure: encores en ce cas auparauant que de parfaire
l'execution, il faut adiourner le debteur pour voir appre-
cier l'efpece.

10 Et c'eft pourquoy les refpondans ne font fondez en
vertu de leurs contracts d'indemnité de proceder par execution à l'encontre des debteurs, pour-ce qu'acquitter &
rendre indemne, eft vne obligation *ad faciendum, non ad dandum. l. fideiuſſor. pro. ff. de euiƇ*. Auffi les bons Notaires & les
contractants aduifez adiouftent aux contracts d'indẽnité,
vne claufe fort notable pour produire execution paree,
afçauoir que le debteur en defaut du payemẽt par luy fait
au creancier dans tel temps, ou d'apporter defcharge au fideiuffeur de fon interuẽtion, s'oblige & promet par ce mefme contract de payer la mefme fomme au refpondant,
pour eftre employee par fes mains au payement de la debte à fa defcharge & liberation.

11 Finalement quant à la forme de l'obligation, il faut
qu'elle foit pure & fimple, claire & certaine, non fufpẽdue
ny modifiee par aucune condition, bref qu'il ne puiffe efcheoir aucune difficulté fur l'execution d'icelle.

12 Cela prefuppofé il faut diftinguer les diuerfes formes,
efquelles cefte claufe peut eftre cõceuë. Car fi elle ne contient autres termes, que *payer foy-mefme*; il eft ayfé à entendre puis qu'il y efchet difcuffion, qui par apres doit eftre declaree vallable par le Iuge, qu'il fe faut pourueoir par fimple action, à ce qu'attendu cefte difcuffion, le cedant foit
condamné payer la rente & arrerages.

13 Au rebours quand ceste clause est conceuë en tels termes, que non seulement la discussion , mais mesme tout commandement & diligence à faire sur le debteur de la rente, est expressement excluds, comme si le cedant a promis *payer & continuer soy-mesme la rente au cessionnaire & acheteur , sans qu'il soit tenu faire aucun commandement ou diligence alencontre du debteur d'icelle* , alors sans doubte ceste clause produict execution paree: pource qu'elle faict, que le contract est plustost vne constitution de rente sur le vendeur, qu'vne vendition de rente ja constituee, & que le transport de la rente y mentionné, est plustost vne simple assignation de debte, qu'vne vraye vente.

14 Mais au cas metoyen quand le cedant promet *payer soy-mesme, en defaut de payement faict par le debteur, & apres vn commandement à luy faict, & qu'il aura fait refus de payer* , il semble qu'il y a trois conditions ensemble, asçauoir si le debteur ne paye dans le temps, si le commandement luy a esté faict, & si sur ce commandement il en a faict refus, & consequemment qu'il faut que chacune de ces trois conditions soit purifiee par vne sentence, auant qu'on puisse proceder par voye d'execution.

15 Et toutesfois ie suis d'opinion contraire , pource que quant à la premiere condition, sçauoir si le debteur a payé dans le temps, outre qu'elle est negatiue, & n'a par consequent tant d'effect suspensif, qu'vne codition affirmatiue, ioinct que la preuue du defaut d'icelle doit venir de la part de l'obligé, il faut considerer, que c'est vne codition, qui est taisible & soubs-entendue en tous contracts. Car quand on s'oblige de payer, cela s'entend si la debte n'est payee auparauant par l'obligé ou par autre à son acquit. Or il est certain que *conditio, quæ tacitè inest, non suspendit dispositionem l.3.ff.de leg.1.* Ce qui semble bié decidé en la loy, *si decem.ff. de verb.obl. Accedit* , que si le payement se trouue auoir esté faict par le debteur, c'est vn bon moyen d'opposition, & ne peut le cessionnaire euiter, qu'il ne soit condáné aux dommages & interests: que s'il n'a esté faict , le cedant n'a que dire, qu'il ne satisface à sa promesse.

Et

Et quant aux deux autres conditions, *si le commandement
& refus a esté faict*, elles sont liquidees & purifiees par l'ex-
ploict de commandement faict au debteur, contenant son
refus, qu'il suffit que le Sergent executeur ait en main: car
il est sans doubte, que la liquidation pour donner lieu à l'e-
xecution paree, se peut faire *ex coniūctione duarum scriptura-
rum*, comme a tres-bien noté Rebuff. sur les Ordonnances:
qui est la decision de la loy, *In sententiis 69.ff. de re iud.* Ie
concluds donc que la clause *De payer say-mesme* ainsi con-
ceu a execution paree.

FIN